# 대한민국 내륙길

삼남길·영남길 트레킹

**대한민국 내륙길**
삼남길·영남길 트레킹

ⓒ 강신길

초판 1쇄 인쇄 2024년 12월 12일
초판 1쇄 발행 2024년 12월 17일

지은이　강신길
펴낸이　김영훈
편집　　김호경
디자인　옥영현

펴낸곳　안나푸르나
출판신고 2012년 5월 11일
주소　　경기도 고양시 덕양구 꽃내음 3길 33 B1
전화　　070-4799-5150　팩스 0504-849-5150
전자우편 idealism@naver.com
ISBN　　979-11-86559-91-8 (03910)

\* 저자와의 협의로 인지는 붙이지 않습니다.
\* 이 책은 저작권법에 따라 보호받는 저작물이므로 무단 전재와 복제를 금하며,
　이 책의 내용 전부 또는 일부를 이용하려면 반드시 저작권자와 안나푸르나의
　서면 동의를 받아야 합니다.

삼남길·영남길 트레킹

길꾼 K 강신길
둘레길 시리즈 2

# 대한민국 내륙길

강신길 지음

안나푸르나

# 들어가는 글

**삼남 내륙을 종으로 관통하는 아름다운 길**

이 책은 2014년부터 시작된 우리나라 해안 갓길인 동해안을 걷는 '해파랑길'(2014), 휴전선 남방길을 걷는 '동서횡단 DMZ평화누리길'(2015), 서해안을 따라 걷는 '서해안길'(2016) 그리고 마지막 해안길인 '남해안길'(2017)을 완주한 결과물로, <대한민국 둘레길>을 출간(2021)한 후 3년이 흘러 변방 해안 갓길에 대응하는 우리나라 내륙 지방을 종으로 관통하는 트레일의 트레킹 기록물이다. <대한민국 둘레길 2>에 해당할 수 있다.

바닷가 해안 지방의 아름답고 숨겨진 비경들과 해안가의 바다 냄새가 가득한 풍광을 담은 책이 <대한민국 둘레길>이라면, 이 책은 내륙 곳곳에 숨어 있는 산야의 빼어난 자연 풍광과 농촌, 산촌의 풋풋한 모습들과 정겨운 사연들이 향토색 짙은 이야기로 나타난다. 또한 대대로 내려오는 전설에 얽힌 향토민들의 소담한 이야기들이 담겨 있다.

호남에서 도성 한양으로 오갔던 호남 유생들의 과시장 길인 '삼남길'과 영남에서 한양으로 오갔던 영남 유생들의 과시장 길인 '영남길'은 모두 농촌과 산촌을 거치며 강을 건너고 험준한 산을 넘나들었던 길고도 힘든 고생길이었다. 유생들과 보부상 그리고 관헌들이 걸었던 애환이 깃든 길이었다.

2010년에 시작된 나의 트레킹 이력은 이제 15년째에 접어들었다. 길면 긴 시간이었고, 짧으면 짧은 시간이었다. 국내 트레킹은 나 홀로, 해외 트레킹은 주로 '대박회' 등산회원들과 함께하였다. 안나푸르나 히말라야 트레킹에 이은 스페인 산티아고 순례길이 오늘까지 길게 이어온 트레킹의 출발점이었다. 해외와 국내 순례는 트레킹을 이어 갈수록 발전되어 트레커라면 걸어야 할 국·내외 길들을 하나둘씩 찾아내 계속 걷다보니 걸은 거리는 길게 쌓여지고 그 쌓여진 기록에 나 스스로도 놀라지 않을 수 없었다.

한편으로 이 대단한 기록에 고무되어 트레킹은 끊임없이 계속 이어져 왔다. '대한민국 둘레길'을 완주한 후 한동안 국내 트레킹을 멈추고 해외 트레킹에 집중했다. '알프스 투르 드 몽블랑 트레킹'(2017), '페루 까미노 잉카 트레킹'(2018), '무스탕 히말라야 트레킹'(2018), '쿰부 히말라야(에베레스트) 트레킹'(2019), '랑탕 히말라야 트레킹'(2023)을 마친 후에도 마음 한편에는 여전히 국내 트레킹에 대한 진한 염원이 남아 있었다.

2013년에 완주한 '지리산 둘레길'이 내륙 남부 지방이라면 이에 대비될 수 있는 내륙 중·북부 지역에 걸쳐 있는 '외씨버선길'을 2020년에 걸었다. 이제 남은 대한민국 내륙 지역을 종從으로 관통하는 길을 찾게 된 것이 전라남도 해남에서 출발하여 충청도~경기도를 거쳐 서울 광화문까지 오는 '삼남길'과, 부산 동래에서 출발하여 경상도와 충청도~경기도를 거쳐 서울 광화문까지 오는 '영남길'이 정확히 내륙을 종으로 관통하는 길이다. 이제 '삼남길'과 '영남길'의 트레킹을 마침으로써 비로소 '대한민국 둘레길' 트레킹은 해안 갓길과 내륙길을 종단하는 것으로 완성되었다.

세계 많은 트레커들 사이에서 가장 걷고 싶은 'WORLD BEST TRAIL 6'로 알려진 트레킹 트레일은 1)페루 까미노~잉카 트레일, 2)네팔 안나푸르나 히말라야 트레일, 3)스페인 산티아고 순례길, 4)아르헨티나 파타고니아 3대 트레일, 5)알프스 투르 드 몽블랑 트레일, 6)뉴질랜드 밀포드 사운드 트랙 & 마운틴 쿡 트레일이다.

이 중 5곳은 완주했지만 아직 걷지 못한 아르헨티나 파타고니아 3

대 트레일이 계속 마음을 무겁게 누르고 있었다. 무겁게 짓눌린 마음에서 벗어나기 위해 다시 완주 계획을 생각하기도 하였으나, 지역적으로는 너무 먼 곳에 위치해 있고, 시기적으로 2018년에 이루어진 까미노~잉카 트레킹과 같은 해에 있었던 남미 여행이 있었기에 또 다시 파타고니아 트레킹을 위해 아르헨티나로 간다는 것은 현실적으로 불가함을 받아들이지 않을 수 없었다. 남미 여행 중에 그나마 파타고니아 트레일의 일부를 밟은 것으로 아쉬움을 달랠 수밖에 없었다.

그렇다면 이제 트레킹은 어디로 해야 하나? 트레킹을 종료하기에는 아직 몸과 마음이 젊다. 자연스럽게 '대한민국 섬마을 둘레길'이 머릿속에 떠오른다. 제주 올레길이 포함된 트레일 트레킹이다. 또 걸어야 할 길이 생겼으니 힘찬 감정이 되살아나고 활력이 솟구친다.

2024년은 나에게 희수喜壽 해다. 77세의 기쁜 나이를 의미하는, 오래 내려온 나이를 일컫는 말이다. 자연 시계에 따른 동지, 춘분, 하지, 추분 등의 계절적 절기가 있듯 무릇 우리 인간에게도 삶의 절기가 있을 수 있지 않을까? 이순耳順 60세, 고희古稀 70세, 희수喜壽 77세, 산수傘壽 80세, 미수米壽 88세 등이 삶의 구획을 지을 수 있는 인생의 절기들이라 할 수 있다.

'인간칠십 고래희'人間七十古來稀라는 두보의 시구로 연결되는 70세의 고희는 지금에 이르러서는 생물적 수명의 연장으로 그 의미가 많이 퇴색되었다. 그럼에도 고희를 지나 좋은 숫자 7이 겹치는 희수는 누구에게나 의미 있는 해가 될 것이다. 이처럼 의미 있는 해에 고난과 환희, 영광이 있는 삼남길과 영남길을 완주한 결과물 <대한민국 내륙길>로 다시 독자들에게 다가갈 수 있어 기쁨이 두 배가 된다.

전간 <대한민국 둘레길>에 대한 독자들의 성원이 없었다면 이 책의 출간은 없었을 것이다. 이 지면을 통해 깊은 감사의 인사를 드린다.

# 제1부 삼남길

### 삼남길 1. 해남 땅끝마을 ~ 강진군 성전면 성전터미널

1　삼남길 종주의 역사적 첫 발걸음을 내딛다　　　　　　　　　　19
　　(해남 땅끝마을 ~ 송지면 마련마을)

2　 오롯이 사람의 손으로만 길을 닦아 만든 달마고도 트레일　　　29
　　(송지면 마련마을 ~ 북평면 와룡리)

3　자연생태계의 보고 강진만을 걸으며　　　　　　　　　　　　　37
　　(북평면 와룡리 ~ 강진리 도암면 송학리 농어바위 앞)

4　다산과 영랑을 만나는 애달프고 고달픈 길　　　　　　　　　　45
　　(도암면 송학리 농어바위 ~ 강진군 성전면 성전터미널)

### 삼남길 2. 강진군 성전면 성전터미널 ~ 장성군 장성호

5　남쪽 고을의 제일로 꼽히는 그림 같은 월출산을 지나　　　　　61
　　(강진군 성전면 성전터미널 ~ 영암군 덕진군 선암리)

6　영암 백룡산 임도길과 나주 만봉천을 걷는 길　　　　　　　　71
　　(영암군 금정면 선암마을 ~ 나주 시청)

7　추수가 한창인 운평마을, 그러나 농부는 보이지 않는다　　　　78
　　(나주 시청 ~ 광주광역시 송산유원지)

8　옐로우 시티 장성군과 한적한 장성호　　　　　　　　　　　　82
　　(광주광역시 송산유원지 ~ 장성군 장성호)

### 삼남길 3. 장성군 장성호 ~ 익산시 여산 버스터미널

9　가을 단풍이 유명한 백양사역과 100년 전통의 '샘고을 시장'　　89
　　(장성군 장성호 ~ 정읍 시청)

10　항일 의병이 처음 시작된 태인향교　　　　　　　　　　　　　95
　　(정읍 시청 ~ 김제시 금산면 원평터미널)

11　콩쥐팥쥐 이야기가 벽화로 장식된 이서면 앵곡마을　　　　　101
　　(김제시 금산면 원평터미널 ~ 완주군 삼례읍 삼례문화예술촌)

12　한국의 시조 문화를 느낄 수 있는 가람 생가　　　　　　　　106
　　(완주군 삼례문화예술촌 ~ 익산시 여산 버스터미널)

삼남길 4.  익산시 여산 버스터미널 ~ 평택시 소사동 대동법시행기념비

13  개화기 순교의 아픔을 지닌 여산 백지사 터                                      115
    (익산시 여산 버스터미널 ~ 충청남도 논산시 논산역)

14  봄을 만끽하며 계룡산을 지나다                                                124
    (논산시 논산시민공원 ~ 공주시 계룡면 화은2리 현대오일뱅크)

15  금강을 건너 옛백제의 도읍지로                                                133
    (공주시 계룡면 화은 2리 ~ 공주시 정안면 행정복지센터)

16  차령고개를 넘고 풍세천변을 따라 걷는 길                                      141
    (공주시 정안면 행정복지센터 ~ 천안시 삼룡동 스포츠의류 할인매장단지)

17  천안에서 출발해 평택 소사동까지                                              145
    (천안시 삼룡동 ~ 평택시 소사동 대동법시행기념비)

삼남길 5.  평택시 소사동 대동법시행기념비 ~ 서울 광화문

18  남사당이 남아 있는 아이러니한 이유                                            153
    (평택시 대동법시행기념비 ~ 오산시 맑음터 공원)

19  임진왜란, 사도세자의 능, 조지훈의 '승무'를 하루에 느끼다                       161
    (오산시 맑음터 공원 ~ 수원시 서호공원)

20  임영대군의 깊은 충절이 서려 있는 길                                          173
    (수원시 서호공원 ~ 안양시 인덕원역)

21  남태령을 지나 드디어 서울에 들어오다                                          179
    (안양시 인덕원역 ~ 서울 반포 고속터미널)

22  한강을 건너고 남산을 넘어 마침내 광화문에 도착하다                           187
    (서울 반포 고속터미널 ~ 서울 광화문)

# 제2부 영남길

## 영남길 1. 부산광역시 동래구 동래읍성 ~ 대구광역시 수성구 상동교

1  바다로부터 나라를 지키는 관문인 동래     203
(부산광역시 동래구 동래읍성 ~ 양산시 물금읍 행정복지센터)

2  소설 〈수라도〉의 무대인 명언마을과 자유를 지킨 낙동강을 따라서     210
(양산시 물금읍 행정복지센터 ~ 밀양시 삼랑진역)

3  '영남제일루'의 현판과 '새마을운동'의 발상지     221
(밀양시 삼랑진역 ~ 청도군 청도읍 원리)

4  동심초는 꽃인가 풀인가?     230
(청도군 청도읍 원리 ~ 대구광역시 수성구 상동교)

## 영남길 2. 대구광역시 수성구 상동교 ~ 문경시 위생매립장

5  삶과 죽음이 오간 다부동 전투     245
(대구광역시 수성구 상동교 ~ 칠곡군 가산면 행정복지센터)

6  '바다처럼 넓은 평야'를 소망하는 해평을 지나     251
(칠곡군 가산면 행정복지센터 ~ 구미시 해평면 낙산 보건진료소)

7  영남길 3대 나루의 하나인 낙정 나루터     256
(구미시 해평면 낙산보건진료소 ~ 상주시 버스터미널)

8  전사벌 왕릉은 견훤에게 패한 사벌국왕의 묘일까?     265
(상주시 버스터미널 ~ 문경시 위생매립장)

## 영남길 3. 문경시 위생매립장 ~ 안성시 죽산면 버스터미널

9  부지런히 걸어야 문경새재를 넘는다     277
(문경시 위생매립장 ~ 충주시 수안보면 수안보휴양관광지구)

10. 사람들로 북적이는 수안보온천 그리고 흔적 없이 사라진 유주막     288
(충주시 수안보 휴양관광지구 ~ 충주시 주덕읍 행정복지센터)

11  충청도를 벗어나 경기도로 들어오다     296
(충주시 주덕읍 행정복지센터 ~ 이천시 율면 어재연 장군 고택)

12  '나를 잊으라'는 죽산성지     304
(이천시 율면 어재연 장군 고택 ~ 안성시 죽산면 버스터미널)

## 영남길 4. 안성시 죽산면 버스터미널 ~ 서울시 종로구 경복궁 근정전

13 몽고군을 물리친 처절하고 위대한 승전지     315
   (안성시 죽산면 버스터미널 ~ 용인시 원삼면 행정복지센터)

14 청년 김대건의 순교정신이 서린 곳     324
   (용인시 원삼면 행정복지센터 ~ 용인시 용인 시청)

15 고려 충신 정몽주는 왜 고향에 묻히지 않았나     332
   (용인시 용인 시청 ~ 성남시 불곡산 입구)

16 영남길에는 말과 개의 죽음을 기리는 무덤이 두 곳 있다     338
   (성남시 불곡산 입구 ~ 서울시 서초구 원터골 청계산입구역)

17 민족의 강 한강을 건너 경복궁에 도착하다     346
   (서울시 서초구 원터골 청계산입구역 ~ 서울시 종로구 경복궁 근정전)

# 제1부

## 삼남길

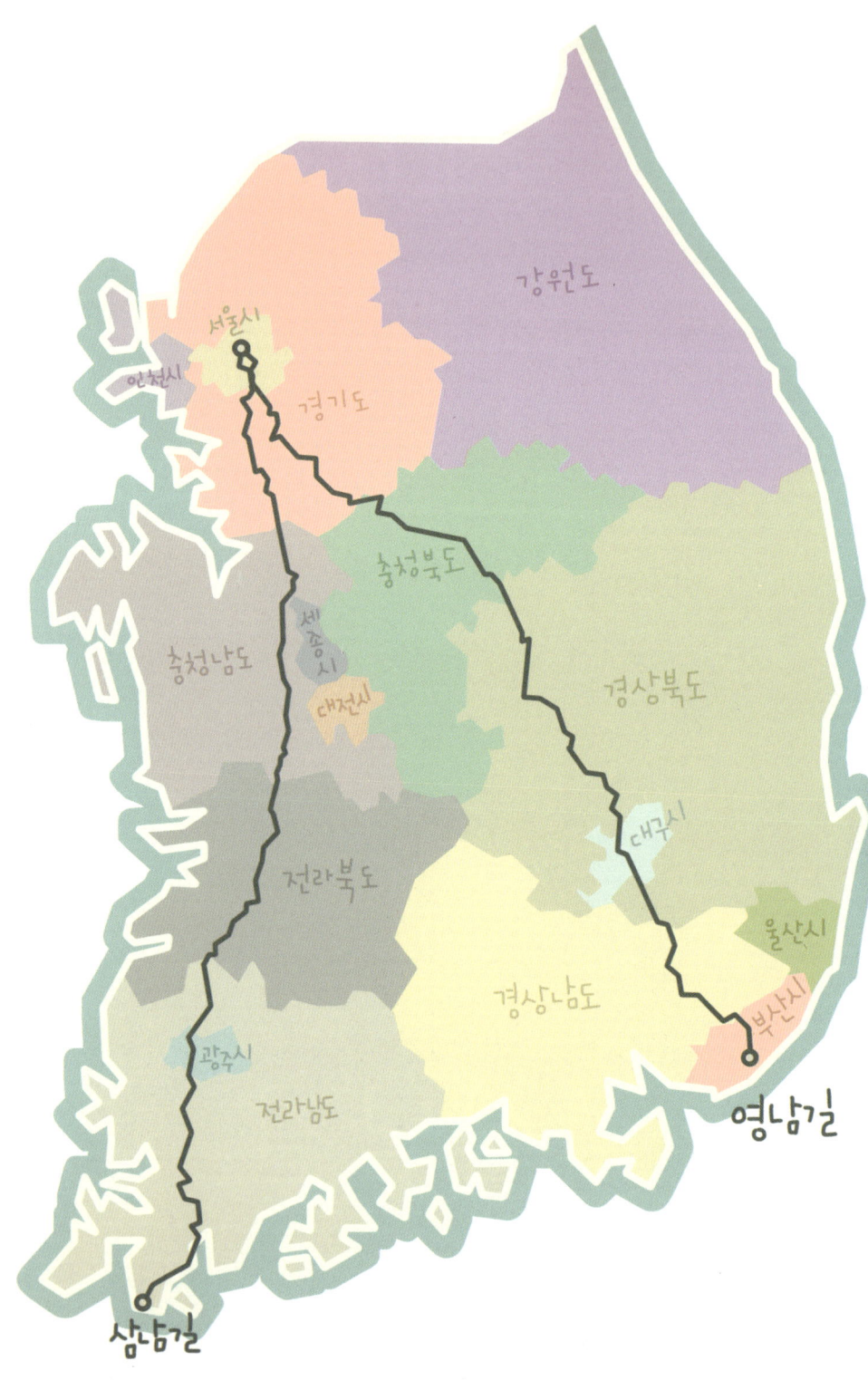

2017년 '대한민국 둘레길'의 마지막 구간인 목포에서 부산 오륙도 해맞이 공원으로 이어지는 남해안 트레킹을 했다. 그때 '이 구간 트레킹이 끝나면 나의 국내 트레킹은 마지막이 제주 올레길이 되겠구나' 하는 생각에 아쉬운 마음이 나를 감싸고 있었다.

이제 남은 국내 트레킹 트레일로는 제주 올레길이다. 이 길은 이제까지 해온 트레킹에 비해 트레일 자체나, 트레킹에 임하는 정신적 면에서도 한결 부담이 적기에 가능한 늦은 나이에 해야겠다는 생각을 가지고 있었다. 그것이 팔순 나이로 귀착되고 그렇게 하여 마지막 트레킹은 팔순에 제주 올레길로 정해졌다. 그렇다면 그 사이에 어떤 길을 걸어야 할까?

지도를 펼쳐놓고 살피던 중에 14년 전인 2010년에 신문에서 읽은 삼남길 개척 기사가 떠올라 이 삼남길을 찾기 시작하였다. 조선 시대 한양 도성에서 호남 지역으로 가던 '삼남대로', 영남 지역으로 가던 '영남대로', 관동 지방으로 가던 '관동대로' 그리고 관서 지방으로 가던 '관서대로'(의주대로) 길을 찾아보게 된 것은 남해안 트레킹을 마치고 2년이 지난 2019년이었다. '관동대로'와 '의주대로' 길은 북한에 막혀 트레킹이 불가능하고, 남은 두 길 '삼남대로 - 삼남길'과 '영남대로 - 영남길'을 마치면 자연스레 '제주 올레길' 트레킹으로 연결되어질 것이었다.

2010년 매일경제, MBN, 코오롱스포츠가 협찬하고 '사단법인 코리아트레일협회' 팀이 주관하여 옛 삼남길을 재발굴하여 보수하고, 안내 표시 부착 등으로 국토 종단의 2길 중 하나인 호남에서 서울로 오는 600km의 삼남길(코리아트레일)을 완성하였다.

코리아트레일은 총 52개 구간으로 해남 땅끝마을에서 출발하여 한양 도성을 지나 경기 파주 임진각 평화누리공원에 이르는 길이다. 경기도에는 '경기옛길 삼남길'이라는 별도의 길 이름과 구간이 정해져 있으나 전체적으로 코리아트레일과 겹치는 구간이다. 그러므로 이 책에서 구간별 표시는 코리아트레일 구간을 따른다.

전남 해남 땅끝마을에서 출발하여 강진군, 영암군, 나주시, 광주광역시, 장성군을 거쳐 전북 정읍시, 완주군, 익산시, 충남 논산시, 공주시, 천안시를 지나 경기 평택시, 오산시, 수원시, 의왕시 그리고 서울 관악을 거쳐 마침내 도성인 한양 서울에 이르는 국토 내륙 종단 트레일 삼남대로-삼남길은 45개 구간으로 이루어져 있다. 이번에 이 삼남길을 트레킹한 것이다.

# 1 삼남길 종주의
## 역사적 첫 발걸음을 내딛다

**트레킹 1일째:**
**2021년 10월 16일. 토요일. 흐리고 비**

여느 트레킹 시작 때와 마찬가지로 가벼운 흥분과 불안감을 지니고, 아내의 염려스러운 눈빛을 피하기 위해 고개를 숙이고, 근심에 찬 배웅을 받으며 집을 나섰다. 2021년 4월에 출간된 동·서·남해안과 동서횡단 DMZ 평화누리길 트레킹을 기록한 <대한민국 둘레길>을 읽고 난 후 국토 종·횡단 트레킹이 단순한 걷기만의 어려움이 아니라, 때때로 차량이 다니는 도로에서나, 외진 산길을 혼자 넘어가는 등의 위험이 도사리고 있다는 사실을 알게 된 후 그 걱정이 심해졌기 때문이다. 더구나 동료도 없이 늘 혼자 나서는 트레킹이기에 더더욱 근심이 심해졌으리라.

　수서역에서 6시 40분 광주행 SRT에 몸을 싣고 삼남길 트레킹에 대한 이런저런 상념에 젖다 보니 열차는 어느덧 광주 송정역에 도착하였다. 고속열차가 빠르긴 하였다. 광주 버스터미널에서 9시 10분 해남행 직행버스를 타고 다시 해남 터미널에서 11시 버스에 올라 12시에 해남 땅끝마을에 도착하였다.

　땅끝마을 출발지에서 무거운 배낭을 놓고 가벼운 차림으로 출발하기 위해 숙소인 모텔을 정하려고 이곳저곳 찾았지만 당장 투숙할 방은 없었다. 배낭은 보관만 해 줄 수 있다고 하기에 그냥 백팩 Back Pack을 메고 트레킹하기로 했다. 편의점에서 점심을 준비하여 12시 30분에 마련마을을 향해 출발했다.

　해남의 대표적 관광지이기도 한 땅끝마을에 비가 내리고 바람이 불어 을씨년스러운 날씨 때문인지 주말임에도 관광객이 많지 않았다.

마침 도착한 관광버스에서 내린 승객들이 배 선착장으로 몰려가더니 출항이 불가능한지 불만 가득 찬 목소리로 궁시렁거렸다. 그들은 한반도 조형탑 앞에서 사진을 찍고는 훌쩍 떠나 버렸다.

바람이 심하게 분다. 4년 전 남해안 트레킹 중에 들렀던 당시에 비하면 식당도 모델도 폐업한 곳이 많았다. 특히 식당이 폐업을 많이 했다. 아마 코로나19 팬데믹 영향이었을 것이다. 땅끝 조형 야외지를 둘러보며 땅끝마을 돌탑에서 데크길로 입구가 되는 갈두산葛頭山 밑자락을 두르는 삼남길 1코스가 시작된다.

땅끝마을은 우리나라 전도全圖 남쪽 기점을 이곳 땅끝 해남현으로 잡고, 북으로는 함경북도 온성부穩城府에 이른다고 하여 붙여진 이름이다. 육당 최남선이 땅끝마을에서 서울까지 천리, 서울에서 함경북도 온성까지 2천리로 잡아 우리나라를 삼천리 금수강산이라 부른 첫 기점이 해남 땅끝마을이다. 토말土末 또는 갈두마을이라 부르던 곳이다 오늘 첫 일정은 마련마을까지 가는 12km 거리다.

삼남길 트레킹은 우리나라 내륙 끝에 있는 해남 땅끝마을에서 첫 발을 내딛는 것으로 대장정은 시작된다. 한편 지금부터 2년 전 2019년 1월 8일에 아르헨티나 우수아이아Ushuaia에 발을 내딛음으로써 지구의 끝Fin Del Mundo에 섰었다. 아메리카 대륙 북·중·남에 걸쳐 남미로 내려온 지구 남단 3번 국제길International Road 끝 지점이다. 알래스카에서 17,848km 떨어진 곳으로 지구 지름 12,800km보다 더 긴 거리다. 땅끝마을에 서서 지구의 최남단 우수아이아를 생각하며 삼남길 종주의 역사적 첫 발걸음을 내딛었다.

해남 땅끝마을 표시석

지구의 끝 마을. 아르헨티나 우수아이아 국립공원

땅끝 돌탑 앞의 아름다운 데크길

땅끝 돌탑 앞 데크길로 시작되는 낮은 숲속길로 오르면 왼쪽은 남해 바다이고 오른쪽은 갈두산 밑자락 허리이다. 높지 않은 숲길을 걸어가면 군데군데 흙길과 데크길이 조화롭게 트레일을 꾸미고 있다. 바다를 조망하며 쉴 수 있는 의자가 놓인 유래가 담긴 곳에 한가히 앉아 잔잔한 남해를 바라보며 삼남길 트레킹의 의미와 감회를 미리 새겨보았다. 삼남길은 그 길에 숨겨져 있는 아름다운 사연과 아픈 사연들을 또 얼마나 나에게 들려줄지, 또 나 스스로 얼마나 많은 감동을 찾아낼지 궁금하기도 하였다.

잔잔한 에메랄드빛 남해 바다를 왼쪽 어깨에 얹어놓고 찬찬히 둘러보며 걷기 시작했다. 비와 바람도 삼남길 트레킹 기대에 부풀어진 가슴을 제어할 방해 거리가 되지 않았다. 사람이 없는 숲속 빗길을 호젓이 걸으면 당할머니 쉼터, 댕기미 쉼터, 사자포구 쉼터, 난대림 쉼터, 불무청 쉼터 등이 차례차례 나타났다.

그곳들은 애환이 서린 역사적 사실과 주술적 이야기들이 적힌 안내판과 함께 트레커들을 끊임없이 불러 쉬어가도록 유혹한다. 숲과 바다의 조화를 이룬 아름다운 남해를 굳이 보고 가시라고… 저 멀리 잔잔한 에메랄드 바다에는 바다 목장 테두리가 수놓아진 듯 넓게 드리워져 있다. 참으로 평화로운 풍광들이다.

이 삼남길 1코스 출발점인 갈두산葛頭山 156m 자락 땅끝마을은 동해안 해파랑길 1코스 출발지인 부산 오륙도 해맞이 공원에서 출발하는 '남파랑길'의 종점인 남파랑길 90코스가 끝나는 곳이기도 하다. 그래서 그런지 땅끝마을 출발 트레일은 해파랑길 출발지 오륙도 해맞이 공원을 벗어나면 바로 시작되는 이기대 공원 트레일과 흡사하였다.

쉼터에서 바라본 남해바다

갈두산 자락 트레일을 벗어나다.

규모와 크기가 조금 다를 뿐, 부산 이기대二妓臺 공원 트레일은 오른쪽에 푸른 바다를 보고 걷지만 이 길은 왼쪽에 에메랄드 바다를 두고 걷는 것이 다를 뿐이다. 이렇게 보면 해남 땅끝마을은 부산 오륙도 해맞이공원과 함께 우리나라 트레킹 트레일의 핵심적 장소라 할 수 있다.

갈두산 자락 둘레길을 벗어나면 땅끝 오토 캠핑장이 나타나고 이어 송호松湖 해변이 보인다. 언제나 그렇듯 철 지난 해수욕장은 환호와 열정이 빠져나간 뒤라 공허함이 남는 법이다. 채웠으니 비워야 하고, 환희가 있었으니 공허함이 따르는 것은 당연한 이치 아닌가?
이 이치를 잘 아는 사람들은 사물의 조화를 이해함으로써 한 가지 일에 일비일희一悲一喜하지 않는 마음에 평화를 지니고 살아가는 사람들일 것이다.

출발 때부터 잘 이어진 트레일 표시가 송호 해수욕장 앞 전신주까지는 연결되었다가 그 후 자취를 감추었다. 안내 지도로는 해수욕장을 지나게 되어 있는데 100m정도 직진하여도 표시를 찾을 수 없었다. 램블러Rambler 앱을 열어 길을 찾아보니, 대로를 건너 오른쪽 길로 안내한다. 송지길 민박촌 표시가 있는 송지초교 앞길, 민박촌 마을 표시길이다.
민박촌 마을 슈퍼에서 후덕한 주인장의 안내를 다시 받고 마을길을 지나 송지~마련 임도길(소방도)로 접어들었다. 산간 임도길이 길게 이어지는 1시간 이상이나 지루하게 걷는 길이다. 산허리를 돌고 돌아가는 임도길은 중간에 달마고도達磨古道 도솔암兜率庵으로 가는 길이 오른쪽으로 열려 있고 마련마을 길은 직진으로 내려왔다.

송호 해수욕장

송지~마련마을 임도길

산길 여기저기 무리 지어 피어있는 가을 야생 국화를 즐기며, 나무와 나무 사이로 간헐적으로 보이는 잔잔한 남해를 보면서 지루함을 달래며 걷는 임도길 끝자락에 마련마을로 내려오는 길에 이르렀다. 이윽고 마련마을에 도착했다. 손에 꼽을 정도의 집이 있는 작은 마을이다. 한때는 수십 가구가 있었으나 지금은 대부분이 폐가가 되었다. 다행히 산골 마을일지라도 마을버스가 다닌다.

이 마련마을에서는 송지면松旨面이 내일 다시 돌아오기에는 가까운 거리이지만 송지면에 숙소가 있을지 확신이 없어 모텔이 있는 땅끝마을로 돌아가기로 한다. 그런데 마을버스가 언제 올 지 알 수 없었다. 어지간한 마을버스 정류장에는 운행시간표가 있는데 이 마을버스 정류장에는 시간표가 붙어 있으나 읽을 수 없을 만큼 글씨가 바랬다. 근래에 운행이 없었다는 것처럼 보였다.

을씨년스러운 날씨에 추위를 느끼기 시작하여 송지면 콜택시를 불렀다. 잠시 기다리는 데도 추위가 몰려왔다. 택시를 타고 땅끝마을로 되돌아오니 오후 4시 30분이었다. 저녁에 식당을 찾아 나섰으나 횟집 3곳만 영업하고 있고, 다른 메뉴를 취급하는 식당들은 모두 폐업한 지 오래된 듯하였다.

땅끝마을은 지리적 특성으로 해남의 대표적 관광지임에도 흥청이며 분주해야 할 골목길에는 개미 새끼 한 마리 다니지 않을 정도로 한가하며 쓸쓸했다. 사는 것이 고단하다는 느낌이 저절로 들었다. 저 비어 있는 가게 주인들은 지금 어디에서 삶의 터전을 새로 잡고, 무엇을 하며 살아가고 있는가? 마음이 무겁다.

**오늘의 여정**

해남 구간

1코스: 해남 송지면 땅끝마을~땅끝 탑~갈두산 둘레길~땅끝 오토 캠핑장~송호해변~매실 농장~마련마을

출발: 송지면 땅끝마을 오후 12시 30분
도착: 송지면 마련마을 오후 4시

걸은 시간: 3시간 30분
걸은 거리: 12.5km

## 2  오롯이 사람의 손으로만
##    길을 닦아 만든 달마고도 트레일

**트레킹 2일째:**
**10월 17일. 일요일. 흐림**

땅끝마을에서 숙식하고 어제 트레일 종점이었던 마련마을로 택시를 타고 갔다. 바람이 아침부터 심하게 불었다 잦았다 하여 마음이 가볍지만은 않았다. 마련마을에서 달마산으로 가는 포장된 마을길을 걷고 마봉리 약수탕에서 시원하게 약수 한 사발을 마시고 기지개를 켜고 고도가 높아지는 포장된 자동차 길로 달마산 자락으로 접어들었다.

달마산達摩山은 검은 암봉으로 병풍처럼 연결되어 현산, 북평, 송지의 3개면에 접해 있다. 달마산 470m는 호남 정맥에서 뻗은 기맥이 한반도 최남단으로 가기 전 해남군 남단에서 암릉으로 솟은 산이다. 약 12km 이상의 능선에는 수많은 기암괴석이 아름다워 남해의 소금강小金剛이라 불리기도 한다. 산의 이름 달마達磨는 인도의 승려이며 중국 선종의 비조인 달마대사에서 유래되었다.

자동차 길이 끝나고 이제 달마산 허리를 잡고 걷는 달마고도 '미황사 트레킹' 트레일이 시작되었다. 미황사美黃寺 주지스님이었던 금강스님은 달마대사의 법신이 모셔진 달마산이 훼손되는 것을 안타까워하며 자연친화적인 치유의 길을 만들기 시작했다. 250여일 동안 날마다 40여 명의 인부가 지게와 손수레에 돌과 흙을 실어 날라서 만든 트레일이다. 빼어난 산세에 다도해의 절경이 어우러진, 옛 미황사 달마산 능선 둘레에 12개 암자가 있던 길을 오롯이 사람의 손으로만 길을 닦아 만든 것이 지금의 달마고도 트레일이다.

달마산의 암갈색 바위군

　　달마고도 미황사 트레킹 길은 18km 거리로 삼남길 2코스는 이 중 11km를 지나게 된다. 참수리, 복충림, 노간주, 편백나무 등의 숲길 사이로 이루어진, 달마산 허리를 가로지르는 오솔길에서 들리는 소리는 나뭇잎 부딪히는 소리와 사각사각 발아래 낙엽 밟히는 소리와 자그락자그락 산자갈 돌 부딪히는 소리가 전부다. 신선하고 청아한 자연의 소리만 들릴 뿐이다.
　　땅끝마을 달마산의 아름다운 생태를 훼손하지 않기 위해 자연과 인간의 힘으로만 완성한 길이었기에 걷는 것도 조심스러울 뿐이다. 정감에 흠뻑 젖는 길이다.

　　고저가 심하지 않은 편안하고 한가한 길에서 숲 사이사이로 보이는 바다와 마을이 저 멀리서 평화로운 모습으로 나타났다. 산과 바다, 숲과 바람 소리가 함께 하는 고요한 달마고도 길에 걷는 사람이 없다.

오직 나 혼자 호젓이 걷는다.

도시랑골에 이르면 도솔암이 300m 거리다. 도솔암은 달마고도~미황사 트레일 4개 코스 중 3코스인 달마산 서쪽 정상 도솔봉 능선 바위 위에 앙증맞은 모습으로 감탄을 자아내는 미황사 12 암자 중 하나로 한반도 최남단에 있다. 몇 해 전에 다녀왔던 곳이라 왕복 600m 거리를 허비할 수 없어 그냥 지나치며 트레킹은 계속되었다. 산 아래로 내려다보이는 완도대교가 아련하게 보이는 남해 다도해가 한 폭의 그림처럼 펼쳐져 있다.

**달마산 미황사 트레일 숲길**

아름답고 평화로운 남해 다도해

　달마고도 트레킹 인증 스탬프를 찍는 노지랑골을 지나 미라골잔등 사거리에 이르렀다. 출발로부터 3시간 30분 지난 11시, 9km 거리다. 이제야 첫 등산객을 만났다. 일반 등산객은 대체로 1코스인 미황사 주차장에서 출발하기 때문에 삼남길 2코스(달마고도 3, 2코스)와는 반대 방향이 된다. 오랜만에 마주치는 등산객들과 반가운 인사를 나누며 트레킹은 계속되고, 달마고도 미황사 트레킹 길에서 벗어나게 되는 이진리(이진성)로 빠져나가는 팻말이 눈앞에 나타났다. 11km 거리다.

　북평면 이진리는 이진성지梨津城址라고도 불리는 곳으로 이순신 장군의 흔적이 고스란히 남아 있는 마을이다. 명량으로 향하는 이순신 장군이 토사곽란으로 몸을 가누기 어렵게 되자 나흘간 이진리에 머물면서 이진 샘물을 마시며 치료하였다는 곳이 '이진성 장군샘'이다. 수군만

**이진리로 나가는 표시 팻말**

호비水軍萬戶碑와 남문지 그리고 성벽, 서문지 등 유적이 남아 있다.

    명량대첩을 앞둔 마지막 준비와 병을 치료하고 해상작전을 넓혀 나갔던 곳이 이진항이다. 한산도대첩, 노량해전과 함께 이순신 장군의 3대 해전으로 알려진 명량대첩은 우리에게 잘 알려진 "신에게는 아직도 12척의 배가 있나이다"라는 이순신 장군의 마지막 항전 의지가 담긴 곳이다. 그 12척의 배로 왜군의 133척을 웃돌목 해역에서 완파하여 정유재란을 종식시킨 역사적 해전이기에 이진리는 역사적으로도 주목받는 지역이다. 웃돌목은 지금 진도대교 다리 밑에 있는 해역이다.

    이진리를 지나 오늘 숙박 예정인 북평면北平面으로 향했다. 북평면 로터리에 이르니, 그 로터리 모습과 주변 건물들이 어디서 본 듯하였다. 데자뷰De Jav였다. 걸으면서 '어디서 보았을까?' 생각에 골몰하며 숙

**이순신 장군이 마셨다는 이진성 장군샘**

소인 모텔을 찾았다. 로터리 부근에도 면사무소 주위에도 모텔이 없다. 아, 그렇다. 2017년 남해안 트레킹 때 북평면에 왔다가 숙소를 찾지 못했던 기억이 떠올랐다.

그렇다면 북평면에서 가장 가까운 면 소재지가 있는 곳이 북일면일까? 북일면에는 혹시 있을지 모른다. 트레킹 트레일이 이어지는 강진으로 가는 방향이었다. 북평초등학교 정문에서 삼남길 트레일을 따라가면 오산리와 와룡리를 거쳐가게 된다. 농촌 마을길이 이어지는 오산리에서 와룡리 가는 길옆에는 겨울 김장용 배추밭에 따끈한 가을볕이 쏟아지고 스프링클러에서 뿜어내는 살수가 해남 배추를 살찌우고 있었다. 가을이면 추수철인데, 농촌 들녘에는 농부를 만날 수도, 볼 수도 없다. 현대식 기계영농으로 농부가 많이 필요하지 않기 때문이다.

잠깐 망설여진다. 지금 북평면에서 가장 가까운 숙소가 있을 만한 곳은 완도군 원동면이다. 그런데 완도는 오늘 가야 할 강진康津 방향이 아니다. 그래도 강진 방향으로 걸어갈 때까지 가보자. 북평면 오산리를 지나 와룡리를 걸을 때 전화벨이 울렸다. 오늘 아침 땅끝마을에서 마련 마을까지 태워준 택시 기사가 마침 북평면에 왔다가 궁금해서 전화하였다고 한다.

반가운 마음에 "지금 있는 곳은 와룡리이고, 모텔이 있을 북일면사무소 가까이 갈 계획"이라 하니, 북일면에도, 신전면에도 모텔은 없고 강진읍에 가야 숙소를 잡을 수 있다고 일러준다. 아, 낭패다. 강진읍까지는 거리가 너무 멀다. 결국 아침에 탔던 택시로 어쩔 수 없이 와룡리에서 가장 가까운 모텔이 있는 완도읍 원동면으로 오게 되었다. 달마고도에서 보았던 완도대교를 건넜다.

다행히 모텔은 있으나 6개나 되는 식당은 모두 문을 닫았다. 아침, 점심은 언제나 편의점에서 준비한 간편 음식으로 식사를 하다 보니 배가 고팠다. 마침 눈에 띄는 피자·치킨 호프집에서 고르곤졸라 피자로 저녁을 먹었다. 피자가 아니라 밀가루 떡이라 할 만큼 맛이 없다.

코로나19 팬데믹 후유증의 실상을 현지에서 체험하고 있는 것이다. 여행객이나 이동객이 줄었으니 모텔, 식당이 줄어들고 택시 영업도 원활하지 않았다. 시골일수록 사정은 더 나빴다. 4년 전인 2017년의 대한민국 둘레길 남해안 트레킹 때보다 숙박, 식사 환경이 더 나빠졌다. 숙박과 식사 문제의 불편함이 늘 따르는 대한민국 트레킹 환경의 한계점이기도 하였다.

트레일 코스 개발만 홍보할 것이 아니라 실제 그 코스를 걸을 트레커들에게 최소한 잠잘 장소를 함께 마련해 주는 것이 더욱 중요하고 시급한 일이다. 사회 문화적 환경의 변화로 트레킹에 대한 관심이 높아가고 트레킹에 나서는 사람들도 늘어가고 있는 사실을 각 관계 단체와 지방자치 관계자는 알아두어야 할 것이다.

**오늘의 여정**

해남 구간

2코스:   송지면 마련마을~마봉리 약수터~달마고도~이진리
3코스:   이진리~북평면사무소~오산리~와룡리

출발:   송지면 마련마을 오전 7시 30분
도착:   북평면 와룡리 오후 3시

걸은 시간:   7시간 30분
걸은 거리:   25km / 누계 37.5km

# 3 자연생태계의 보고, 강진만을 걸으며

**트레킹 3일째:
10월 18일. 월요일. 맑음**

어제 숙박한 완도군 군외면 원동에서 북평면 와룡리로 왔다. 약간 싸늘한 아침 날씨지만, 다행히 어제 날씨에 비해 바람이 없어 춥지는 않았다. 마을길을 따라가면 만수리를 지나고 이어 잔잔하고 푸른 남해 바다를 만난다. 와룡리에서 2.8km 거리다.

발걸음은 강진만康津灣으로 향했다. 어제는 달마산 달마고도 트레일을 11km 걸었는데, 지금부터는 남해 다도해가 길동무가 되어 정겹게 함께 걸어가게 될 것이다.

새로운 트레킹 길동무가 될 남해안 아침 바다

**월성천 제방 둑길**

만수리, 갈두리를 지나 월성천月星川 제방 둑길에 접어들었다. 사람이 자주 다니지 않는 둑길이기에 갈대와 잡초, 관목이 허리에 닿게 무성하여 발길이 쉽게 헤쳐나가기 어려운 좁은 길이다. 마치 2020년 '외씨버선길' 영양연결길(6~7코스)인 임도길 트레일의 무성한 잡목과 갈대로 우거진 길과 흡사하였다.

삼남길은 발굴되고 복원되었으나 사후 관리가 제대로 되지 않고 있는 현실을 월성천 제방 둑길을 걸으며 뼈저리게 느꼈다. 일반적인 발걸음으로 걷기에는 쉽지 않았다.

바닷가를 따라 걸으면 방산마을, 원동마을을 차례로 지나고 내동마을에 이르게 되고, 이윽고 내동마을 밭섬 고분군(전남 문화재자료 제234호)에 이르렀다. 오전 9시 40분, 9.2km 지점이다. 길옆의 밭에 있는 고분 유적을 둘러보려 했으나 유감스럽게 입구가 막혀 있었다.

밭섬 고군분 이정표를 막 지나면 사내방조제가 눈앞에 직선으로

**강진만 해안도로**

길게 늘어져 있다. 차량 통행이 드문 아스팔트 포장의 긴 길이다. 또한 지루한 길이다. 차들이 지나다니면 긴장하며 걷겠지만 그렇지 못해 무료하고 긴장이 풀린 지루한 길을 걷게 된다. 50분간 3.4km 거리다.

이제 해남군을 벗어나 강진군으로 들어섰다. 방조제를 지나면 사초해변으로 이어지고 벌정리 들판을 보게 된다. 이어 다시 논정방조제가 길게 나타났다. 25분 소요에, 1.8km 거리다. 강진만으로 이어지는 해안도로를 따라 걷는다. 남파랑길 84코스의 종점에서 시작 지점으로 코스가 겹친다.

강진만을 중심으로 강진군은 좌우 대칭으로 이루어져 있다. 서쪽에는 강진읍 일부인 도암면, 신전면이 있고, 오른쪽으로는 칠량면, 대구면, 마량면이 있다. 그 가운데에 가우도駕牛島가 있다. 강진만 해안선의 전체 길이는 73.6km이고 그중 해안도로는 50km다. 강진만은 강진군 해안 깊숙이 들어와 있어 군 전체적인 모습이 人(사람 인)의 모습으로 나타나 보인다.

강진만 바다와 갈대숲과 뻘

　　강진만은 자연생태계의 보고이다. 순천시의 순천만국가정원에 비견될 만큼 넓은 면적의 갈대숲 등 생태 자원이 풍부하게 펼쳐진 강진의 중앙에도 강진만 생태공원이 있다. 이 해안도로에서는 넓게 펼쳐진 짙은 회색의 갯벌과 그 갯벌에 구멍이 송송 뚫린 붉은발말똥게의 집이 갯벌을 뒤덮고 있는 갈대숲과 어울려 장관을 이루는 풍광을 즐길 수 있다. 갯벌과 잔잔한 에메랄드빛 바다와 이리저리 던져진 듯한 크고 작은 섬들이 건너편 산을 배경으로 조화롭게 펼쳐져 있다.
　　사내방조제와 논정방조제의 긴 아스팔트 포장 길의 단조롭고 지루했던 트레일에 닫혀진 가슴이 이제 다시 활짝 열린다. 이러한 풍광을 즐기며 걷는 것이 트레킹에서 받는 값진 선물이기도 하다.

　　푸른 바다와 길고 넓은 갯벌로 연결되는 강진만을 오른쪽 어깨에 없고 긴 강진 해안도로길은 계속되었다. 차량도 사람도 보이지 않는 길이다. 논정방조제 길 끝 지점에 이르면 저 멀리 가우도 출렁다리가 보이고 5코스 종점인 인디 캠핑장에 도착하게 된다. 해안 데크길로 가면 가우도 출렁다리와 주차장이 나온다. 출렁다리가 보이기는 하지만 바닥이 잘 정리되어 있지 않은 정자에서 늦은 점심을 먹었다.

가우도는 강진만 중앙에 위치하며, 14가구 32명이 살고 있다. 강진군 8개 섬 중에서 유일한 유인도이며, 전라남도의 '가고 싶은 섬'으로 선정된 섬이기도 했다. 가우도는 강진읍 보은산寶恩山이 소의 머리에 해당되고, 섬 모양이 소의 멍에 형상이라 하여 붙여진 이름이다. 철제 빔으로 고정된 철제다리가 출렁일 일은 없겠지만 출렁다리로 불리는 다리를 건너 망호望湖 선착장을 통해 가우도로 들어가기도 하고, 반대편 대구면 저도猪島를 통해서도 들어올 수 있다.

망호 선착장에서 들어가는 출렁다리는 716m이고 저도 방향에서 들어오는 출렁다리는 438m이다. 남해안 트레킹 트레일은 망호 선착장에서 들어가 가우도 해안을 따라 나오고 대구면으로 빠져 나간다.

망호 선착장에서 바라본 가우도 출렁다리

가우도 주차장을 지나 819번 지방도를 이용하여 도암면道巖面으로 가서 그곳에서 숙박이 가능하면 백팩을 놓고 오늘 목표지인 다산기념관과 다산초당까지 갔다가 차편으로 다시 돌아올 것인가? 아니면 트레킹 트레일을 따라 18번 지방도를 걸어 만덕호萬德湖에서 빠져나가 다산기념관과 다산초당까지 갔다가 차편으로 강진읍으로 가서 숙박할까?

두 가지 방법 중에서 하나를 결정해야 했다. 길의 거리로 봐서는 18번 지방도가 가깝다. 지금 시간이 오후 2시 30분이므로 앞으로 걸을 수 있는 시간은 3시간 정도이다. 빠르게 걸으면 14km 정도 걸을 수 있다. 언제나 결정은 쉽지 않다. 두 가지 모두 숙박지에 대한 불확실성 때문이었다.

이윽고 18번 지방도 해안길로 바삐 걸었다. 무거운 머리를 달래가며 해안길을 지나가는데 농어바위 앞 송학식당에 송학민박이 보였다. 발걸음이 저절로 멈춘다. 식사와 숙박이 동시에 가능하니 이보다 더 좋을 수 없다. 무겁던 머리가 박하사탕 먹은 듯 개운해진다. 다만 아침 식사는 할 수 없기에 아쉬움이 있지만 그래도 오늘은 제대로 된 저녁 식사를 하고 잘 수 있으니 더 따질 것이 어디 있겠느냐?

오후 3시 50분이다. 트레킹을 마치기에는 이른 시간이지만 오늘 충분히 쉬게 되니 내일은 오늘의 걸음 거리를 보완하면 될 것이라는 생각에 마음이 편해졌다. 주인장의 호출로 6시에 저녁 식사를 했다. 예약된 식사 손님과 다르게 나에게는 콩나물국, 고추지, 호박졸임, 파절임, 깻잎절임, 열무김치 등 주인 가족이 먹는 식단에 전어구이와 고등어조림이 더 붙여진 식단이었다. 이참에 내일 아침밥까지 먹자는 심정으로 밥 두 그릇을 먹었다.

푸짐한 반찬임에도 "해물 식사는 2인 이상이니 1인 손님은 이렇게 줄 수밖에 없다"고 주인은 오히려 미안해한다. 너무 대접을 잘 받아 오

**트레킹에서 먹기 힘든 풍성한 식사**

히려 내가 더 미안한데도 말이다! 푸짐하게 먹여주고 재워주어서 정말 감사하다.

긴 거리를 걷는 것이 어려움이 아니라 예정된 길 어딘가에서 먹고 자는 문제가 더 어려울 때가 많은 것이 우리나라 트레킹의 현실이다.

저 멀리 가우도 출렁다리의 불빛이 훤하게 비치고 짙은 구름 사이로 내비친 달빛이 고요한 강진만 바다를 잠들게 하고 있다. 자연도 숨을 멎고 쉬는 시간이다. 이 자연에 따라 나도 쉰다.

**강진만의 야경**

**오늘의 여정**

해남 구간

4코스:     북평면 와룡리~내동리(밭섬 고분군)

해남~강진 구간

5코스:     내동리(밭섬 고군분)~사내방조제~사초해변~논정방조제~인디 캠프

강진 구간

6코스:     인디 캠프~가우도 출렁다리~도암면 송학리 농어바위 앞

출발:     해남군 북평면 와룡리 오전 7시 40분
도착:     강진군 도암면 송학리 농어바위 앞 오후 3시 50분

걸은 시간:   7시간 40분
걸은 거리:   27.5km / 누계 65km

# 4     다산과 영랑을 만나는
          애달프고 고달픈 길

**트레킹 4일째:**
**10월 19일. 화요일. 맑음**

어제 집밥과 같았던 저녁식사와 충분한 휴식으로 가벼워진 몸으로 아침 길을 나섰다. 해안길에 홀로 있는 식당이었고, 주변에 편의점이나 가게가 있을 수 없는 곳이었다. 아침도 거르고 점심 먹거리도 준비 없이 길을 나서야 했다.

    영랑 생가가 있는 강진읍까지 가야만 뭐든 먹을 수 있을 것이다. 강진읍까지 거리는 약 20km, 5시간 거리다. 송학리 마을고개를 지나 학장리에 이르는데, 저 멀리 산 아래에서 무지개가 피어오르기 시작한다. 마을길을 내려갈수록 무지개는 차츰 크게 피어오르고 오른쪽 반원으로 커지더니 타원형의 완전한 모습을 서서히 드러내고 있다. 20여 분의 기다림 끝에 타원형 무지개가 완성되어, 일곱 색의 조화가 만든 아름다움에 빠져 한동안 무심히 바라보자 마치 내가 무지개 중심으로 끌려 들어가는 듯했다. 자연이 만들어내는 또 하나의 최고 걸작품을 오늘 아침에 지금 황홀하게 감상하고 있는 것이다.

    이른 아침에 좋은 기분을 깃들게 하는 무지개가 과연 무슨 좋은 일을 나에게 가져다줄까? 자못 궁금해진다. 홀로 한적한 시골길을 걷는 트레커에게 무슨 좋은 일이 있을까마는 그래도 설레는 기대감으로 아침 굶은 발걸음이 가볍다. 트레킹 중에 완성된 타원형의 무지개를 보는 것이 이번이 두 번째다. 첫 번째는 2011년 10월 24일, 스페인 산티아고 순례길 깜포스텔라에서 피니스테레로 가는 길에서였다. 갈리시아 지방의 넓고 넓은 초원과 경작지 위에 뜬 완전체의 선명한 색깔의 무지개였다.

**가슴 설레는 학장리의 아침 무지개**

    다산초당이 있는 만덕리로 접어들면 마을 입구에 만덕정萬德停이 의연하게 길손을 맞이하고, 주렁주렁 누렇게 열린 감나무들이 마을 길가를 장식한다. 다산유물전시관, 다산기념관, 다산회당, 다산수련원, 보은산寶恩山 고성사高聲寺에서 옮겨온 귤송당橘頌堂 등 다산 유적들이 즐비하다. 이 유적들을 뒤로 하고 백련사白蓮寺 길로 가는 구불구불 휘어진 경사진 산길을 숨차게 오르면 좌우와 뒤편이 커다란 나무숲으로 포근하게 감싸 안긴 다산초당이 호젓이 앉아있다.

    다산茶山이 강진에 유배 온 때는 1801년(순조 1년) 겨울이며 그가 40세 되던 해였다. 유배 온 처음 4년은 동문 밖 주막집에서 기거하였다. 다산이 강진으로 유배 오자 강진 사람들은 모두 그를 죄인 취급하여 멀리 하였다고 전해지고, 다산은 주막집 한 칸짜리 방을 사의재四宜齋라 이름 지어 자신을 추슬렀다고 기록되어 있다.

생각을 마땅히 맑게 하되 맑지 못하면 곧바로 맑게 해야 하며, 용모는 마땅히 엄숙하게 하되 엄숙하지 못하면 곧바로 엄숙해야 한다. 말은 마땅히 과묵해야 하며 말이 많으면 곧바로 과묵해야 한다. 행동은 마땅히 중후케 하며 중후하지 않으면 중후하게 하라.
— <사의재기四宜齋記> 중에서

다산은 강진군의 보배로 불릴 만큼 해마다 많은 사람들이 다산 유적지를 찾는다. 경기도 남양주 출신인 다산은 신유교난辛酉敎難 사건으로 이곳 강진으로 유배되어 18년 동안 머무르면서 <목민심서> 등 500여 권의 방대한 저술을 남겼다. 학문에 정진하면서 개혁 사상 및 실학을 집대성한 것이다. 다산 학문의 산실이 바로 다산초당이다. 그가 47세이던 1808년 봄에 강진 보은산 고성사에서 이곳 도암면 귤송리 귤송당인 다산초당(윤씨산정)으로 옮겨왔다. 강진 유배 18년 중 이곳에서 10여 년을 지냈다.

**다산초당**

다산초당은 처음에는 초가집이었다. 세월이 흐르며 낡고 허물어지자 1958년 강진의 다산유족보존회가 주선하여 지금의 단아한 기와집으로 다시 지었다. 작고 소박한 남향집으로 '茶山草堂'이라는 현판이 걸려 있다. 이 초당을 거치면 백련사로 가는 800m 오솔길이 오르락내리락 길게 이어진다. 다산이 백련사에 거처하던 혜장선사惠藏禪師와 오거니 가거니 하며 교우했던 이 오솔길은 동백숲과 야생차가 아름다운 산길이다. 누굴 만나 이야기할 만한 사람이 없는 궁핍한 바닷가 마을에서 11살이나 어린 혜장은 학문적 대화와 토론으로 다산에게 갈증을 풀어주는 청량제 같은 존재였다. 그러기에 가파르고 험한 길임에도 서로에게 쉬 오고간 길이었다.

아침을 먹지 못해서인지, 아니면 오르막 고갯길인지 다산초당 입구에서 백련사 가는 길이 숨이 가쁘고 다리가 무거웠다. 힘든 고갯길을 넘고 넘어서야 동백꽃이 아름다운 백련사에 이르렀다. 다산초당에서 백련사로 오가는 쉽지 않은 길에서 다산은 어떤 생각을 하며 걸었을까? 유배 생활의 애환, 민초들의 힘든 삶, 학문의 부진 등등. 그렇다면 이 길은 훗날 다산의 학문과 사상의 밑거름이 된 사색과 명상의 길이기도 하였다.

백련사는 통일신라 시대 말기인 839년에 무염無染 스님이 창건한 것으로 알려져 있다. 동생인 세종에게 왕위를 양보한 효령대군이 전국을 유람하던 중에 이 백련사에 8년 동안 기거했는데 그때 대대적으로 중수하였다는 기록이 있다. 원래 이름은 만덕사萬德寺였다. 백련사 입구부터 빽빽하게 둘러싸고 있는 동백나무 숲은 천연기념물 151호로 지정되어 있을 만큼 동백꽃이 아름다운 숲을 만든 곳이다.

**다산초당에서 백련사 가는 오솔길**

　백련사에서 신평마을로 내려오는 길 양쪽에는 동백나무가 울창하여, 마치 동백 터널 같은 길을 걸어 신평마을을 지나고, 해창海倉 철새관찰지로 해안길을 걸었다. 철새관찰지로 가는 길목의 해안가에 '다산정 횟집' 간판이 보였다. 주저 없이 다가가니 수족관에는 고기들이 이리저리 활발히 움직이고 있으니 영업을 하고 있다는 증거였다. 10시 30분이니 늦은 아침이고 또 이른 점심이다. 아침이든 점심이든 한 끼를 해결할 수 있겠거니 하며 주저없이 문을 열고 들어갔다.

　식당 홀의 불은 켜져 있었으나 손님도 주인도 보이지 않는다. 잠시 후 방에서 나온 주인 아주머니가 나를 보자마자 대뜸 "오늘은 영업을 하지 않는다"고 한다. 아저씨가 추수하러 나가서! 아, 낭패도 이런 낭패가 없다. 그러나 쉽게 발걸음을 돌려나올 수 없다. 아침 끼니를 해결해야 했다. 무거운 배낭을 마루에 내려놓고 해남 땅끝마을에서 여기까지 걸어온 사정을 구구절절 이야기한다. 한끼만 때울 끼니로 무슨 음식이든 다 좋고, 심지어 먹다 남은 밥도 좋다고 간곡하고 애절하게 이야기한다.

　오늘 4일째 걷고 있는데, 한 끼 한 끼가 체력 유지에 이루 말할 수 없이 중요하였다. 하루 세 끼를 꼬박꼬박 챙겨 먹어도 하루 소모 칼로리를 채우기가 턱없이 부족하다. 그 판국에 한 끼를 굶으면 그 영향으로 힘든 발걸음이 된다. 앞으로 15일을 더 걸어야 한다고.

　진심 어린 사정과 내 행색을 보며 주저하던 여주인이 "정히 그렇다면 아침에 우리 아저씨가 먹는 대로 드릴 테니 올라오시라" 한다. 눈물이 나올 정도로 고맙고 고마운 목소리다. 콩나물 버섯국, 김치, 열무김치, 단무지 짠지, 북어무침에 팥과 밤, 버섯이 들어간 보름 찹쌀밥이다. 무엇인들 맛있지 않겠느냐마는 팥과 대추, 밤이 들어간 찹쌀밥이 쫀득쫀득하여 너무 맛있었다. 걸신들린 듯 얼른 먹어 치우고 궁금증이 들어 물어본다.

　"정월 보름도 아닌데 이런 찰밥을 준비하셨나요?"
　"우리 아저씨가 먹는 밥은 늘 이런 찰밥이어요."
　세상에 이렇게 복많은 남자가 있다니. 갑자기 그 아저씨가 보고 싶어졌다. 게다가 점심으로 찰밥과 단무지 짠지를 팩에 담아주면서 계산은 그만두고 가시란다. 이처럼 아름다운 마음은 어디에서 나오는 걸까. 순박한 시골 인심에서 나오지 않았을까? 모성애라는 본능이 작동하지 않았을까? 어른이나 어린아이 할 것 없이 피로에 지치고 굶주림에 찌든 사람의 얼굴을 보는 것이 마음 아픈 일일 것이다. 나오는 길에 몰래 만원 한 장을 계산대에 놓고 나온다.

　긴 트레킹에 1km를 걷기 위해서는 100kcal가 필요하다. 하루 30km를 걸으려면 3,000kcal가 매일 필요하다. 그런데 지금처럼 먹고 다닌다면 많아야 1,800~2,000kcal일 것이다. 기본적으로 매 끼니마다 섭취 칼로

**눈물겹도록 고마운 아침 식사**

리가 부족하다. 사정이 이러하니 한끼 식사가 얼마나 중요하냐.

오늘 아침 학장리에서 가슴 설레며 본 무지개의 서운이 이곳 해창에서 꽃을 피운 것이리라.

해창 철새관찰지에 도착했다. 6코스 종점이다. 넓은 뻘과 바다를 넘나드는 철새 도래지로 해안가에 망원경이 설치되어 있다. 몇 명 되지 않는 관광객들이 연신 망원경에 눈을 대고 이리저리 돌리며 해안을 관찰하고 있었다. 잠시 나도 관찰을 한 후, 그들을 뒤로 하고, 잘 다듬어진 데크와 포장길로 이루어진 도원桃源 제방 길을 지루하게 걸었다. 오른쪽 어깨 너머에는 강진만이 펼쳐있는 강진읍 영랑 생가로 가는 트레일이다. 뻘 위에 자란 무수한 갈대가 바다를 가로지르고, 갈라진 곳에 맞닿은 뻘은 다시 바다를 품고 있다.

**영랑 생가로 가는 도원제방길**

영랑 생가는 강진군청 옆에 있다. 따라서 찾아가기가 비교적 쉽다. 이윽고 영랑 생가에 도착했다. 영랑이 1903년에 태어나 1948년 가족과 함께 서울로 이주하기 전까지 45년 동안 살았던 집이다. 전통 초가집으로 본채와 사랑채로 되어 있고 대문을 나오면 앞마당 뜰이 잔디와 모란밭으로 조성되어 있다. 전형적인 소담한 시골집이다. 강진군에서 관리하고 있다.

영랑永郎 김윤식金允植은 구수한 남도 사투리와 향토색 짙은 서정의 시인이다. 평안북도 정주 출신의 소월 김정식과 더불어 우리나라 서정시의 양대 산맥을 이룬다. 우리에게 잘 알려진 '내 마음을 아실 이', '모란이 피기까지는' 시비는 마량면 마량馬良 항구 야외 공연장에 나란히 서 있다.

**영랑 생가 본채**

　주옥같은 서정시를 쏟아낸 남과 북의 두 시인은 또한 사랑하는 여인을 일찍 잃은 애달픈 사연을 가슴에 품고 살아야 했다. 어쩌면 가슴에 남은 애잔한 사연들이 서정의 감성을 두 시인에게 더 키워주었을지도 모른다.

　　쓸쓸한 뫼 앞에 호젓이 앉으면
　　마음은 가라앉은 양금줄같이
　　무덤의 잔디에 얼굴을 부비면
　　넋은 향 맑은 구슬 손같이
　　산골로 가노라 산골로 가노라
　　무덤이 그리워 산골로 가노라.
　　— 영랑 '쓸쓸한 뫼 앞에서'

영랑이 초등학교를 졸업한 다음 해인 13세에 결혼한 후 1년 반 만에 아내를 잃은 슬픔을 노래한 시다.

산산이 부서진 이름이여
허공 중에 헤어진 이름이여
불러도 주인 없는 이름이여
부르다가 내가 죽을 이름이여.

심중에 남아 있는 말 한마디는
끝끝내 마저 하지 못하였구나.
사랑하는 그 사람이여,
사랑하는 그 사람이여.
― 소월 '초혼'의 앞부분

소월이 10대 초반 할아버지 집에서 지낼 때 같은 동네에 살던 3살 연상의 '오순'이가 첫사랑이었다. 그러나 오순이는 결혼 후 남편의 학대로 사망했고, 22살의 소월은 그 장례식장에서 이 시를 부른 것으로 알려져 있다. 얼마나 얄궂은 운명이 두 시인을 시뿐 아니라 인생의 굴곡진 사연을 함께 묶어놓고 있는가? 목이 탈 때 침이 고이듯, 아픈 정서가 감정을 깊게 드리우고, 이렇게 깊어진 감정이 승화되어 이렇듯 아름다운 시를 토해내게 만들었나 보다. 영랑과 소월이 남과 북에서.

다산수련원에서 백련사를 거치고 철새도래지를 지나 남포마을, 강진 5일장, 영랑 생가에 이르는 길이 정약용의 남도 유배길로 유명한 '유배길 2코스'이다. 영랑 생가를 나와 왼쪽으로 돌면 삼남길 이정표가 보인다. 영랑 생가 담벼락을 따라 돌아 올라가면 뒷편에 세계모란공원이 언덕 위에 넓게 조성되어 있었다. 다음 목적지 보은산 고성사로 가는 길이 시작되는 곳이다.

그런데 정작 세계모란공원에서는 이정표가 보이지 않았다. 분명히 고성사로 가는 길이니, 산길로 접어들어야 할 텐데 그 진입로를 찾을 수 없었다. 세계모란공원에서 산으로 가도록 표시는 있지만 고성사로 가는 등산로의 진입로는 보이지 않았다. 이리저리 찾다가 한 바퀴 돌아 영랑 생가로 다시 돌아와 관리 직원에게 물었다. 고성사 가는 등산로가 세계모란공원에서 시작하는 것이라고만 다시 일러준다.

모란공원 위에 있는 정자 옆으로 토끼길 같은 작은 길이 보였다. 마침 정자 주변에 있던 많은 사람들에 가려져 있었던 작은 등산로가 보이지 않았던 것이었다. 고성사로 가는 산길이 시작된 것이다. 산간 오르막길이 길게 이어졌다.

**고성사 대웅전**

고성사는 보은산 우두봉牛頭峰에 있는 사찰로 인근의 만덕산 백련사를 중창할 때 함께 지은 말사였다. 1805년 다산이 강진으로 귀양 와서 다산초당으로 옮기기 전 한동안 거처했던 절로 이때부터 백련사에 있던 혜장과 교우하였다.

고성사에서 솔치고개를 넘으면 영암이다. 솔치고개로 넘어가는 길은 대웅전 밑에 있는 보은산방에서 오른쪽으로 가는 길이 있고, 절로 들어가기 전 입구 요사체 건물의 뒷마당 옆으로 가는 길이 있다. 두 길은 경내 안내도에 표시되어 있었다. 대웅전 밑에 있는 언덕길의 진입로를 찾았으나 공사로 길 자체가 막혀버렸다. 절을 벗어나 요사체 건물 옆에서 길 찾기로 한동안 두리번거렸으나 길은 보이지 않았다. 마음이 급해진다. 혹시 스님은 알 수 있을까 해서 이곳저곳 스님을 찾았으나, 하필 오늘 이 시간에 절에는 스님이고 신도고 사람이 아예 없다. 마침 절에 온 대학생 2명과 길 찾기에 나선다.

트레킹에서 경험하기 싫은 길 찾기가 오늘은 두 번이나 마주쳤다. 어쩔 수 없이 불편스러운 감정이 일어난다. 두 젊은이의 도움으로 야생 풀들에 가려진 작은 진입로를 가까스로 찾아냈다. 토끼풀을 비롯한 여러 풀들로 가려져 찾기 쉽지 않은 길이었다. 만일 나 혼자였다면 어떻게 되었을까?

오늘 일정의 긴 트레일에 비하여 마음이 급해지고 초조해지면 길 찾기가 더욱 쉽지 않음을 여러 번 경험하였다. 평정심을 갖기가 말만큼 쉽지 않다. 끝까지 찾지 못하여 고성사를 패스한다면 강진읍으로 나와 영암까지 국도나 지방도로 나만의 트레일을 만들어야 했을 것이다. 아침에 학장리에서 본 무지개의 좋은 여운이 길 찾기에 흐트러진 무거워진 마음을 여기까지 와서도 환하게 비춰주었다.

**솔치고개로 가는 삼거리**

　솔치고개까지 가는 길은 완만한 오르막의 소나무와 잡목이 우거진 좁은 등산길이다. 길 위에 잡초와 잡목이 뒤엉켜 있어, 사람들이 많이 다니지 않은 흔적이 뚜렷한 길이다. 솔치 고갯길 삼거리에서 우두봉은 오른쪽으로, 솔치고개는 왼쪽으로 갈라진다.

　솔치고개에서 송덕리松德里로 내려가는 산길은 사람이 다닌 지 오래되었는지 희미한 등산길 흔적만이 남아 있었다. 좁은 등산길 좌우에서 서로 넘어온 잡풀들로 인해 쉽게 걸어나갈 수 없을 정도로 우거져 있어, 발아래 좁다란 길을 놓치지 말고 찬찬히 보며 걸어야 했다. 간혹 보이는 삼남길 안내 리본이 없으면 올바른 길로 가고 있는지에 대한 의구심으로 불안한 마음을 가득 안고 걸어야 하는 트레일이다.

　9번 지방도가 보이는 송현松峴 저수지에서 아침에 다산정 식당에서 준 찰밥과 단무지로 점심을 해결한다. 오후 3시였다. 송학리를 거치고 금당리 2번 국도길 옆 마을길을 따라 성전면에 도착했다. 영랑 생가에서 고성사, 솔치고개를 거쳐 성전면까지 오는 길이 다산 정약용 유배길 3코스인 '시인의 마을 길'이다. 그런데 사람이 다닌 흔적을 찾아보기 쉽지 않았다.

## 오늘의 여정

강진 구간

6코스:　　도암면 송학리 농어바위~학장리~다산기념관~다산초당~백련사~

　　　　　신평마을~해창 철새관찰지

7코스:　　해창 철새관찰지~영랑 생가~고성사~솔치고개~송학리~

　　　　　금당리(백련지)~성전면 성전터미널


출발:　　　강진군 도암면 송학리 농어바위 앞 오전 6시 50분
도착:　　　강진군 성전면 성전터미널 오후 5시


걸은 시간:　10시간 10분
걸은 거리:　34km / 누계 99km

# 삼남길 2

장성군 장성호

강진군 성전면 성전터미널

## 5     남쪽 고을의 제일로 꼽히는
           그림 같은 월출산을 지나

**트레킹 5일째:**
**10월 20일. 수요일. 맑음**

7시 성전 터미널에서 출발하다. 월평 교차로에서 13번 국도 옆 마을길로 무위사無爲寺 팻말을 보며 걸었다. 신안마을을 거쳐 송월리松月里 송월 저수지를 보며 월하리月下里로 접어들었다. 저 멀리 월출산月出山이 웅장한 자태로 눈앞에 다가섰다. '하늘 아래 첫 동네'라는 월하리는 어느 산골 마을 같지 않게 월출산방月出山房을 비롯한 모던하고 특색 있는 집들이 모여 있는 곳으로 백운동으로 오가는 관광객들의 눈길을 붙잡는다.

    백운동보다 '백운동 정원'(白雲洞 庭園 = 원림園林)으로 더 알려진 이곳은 담양 소쇄원瀟灑園, 보길도 부용동芙蓉亭 정원과 함께 호남의 3대 정원으로 불리며 다산이 초의선사草衣禪師 이시헌李時憲 등과 교유하던 호남 전통 별서정원이다. 전통 정원의 멋과 자연의 신비로움을 느낄 수 있는 백운동 정원은 정자각과 연못, 꽃밭 등으로 꾸며진 정원 공간과 안채, 사랑채 등의 생활 공간 그리고 사당이 있는 사당 공간 등으로 나뉘어 있다.

    월하리를 지나 백운동으로 가는 숲길 자체가 신비한 자연 정원의 느낌을 주며, 길옆으로 우거진 동백 숲길은 허리를 굽혀야 할 정도로 울창한 길에 백운동 12경이 주위를 둘러싸고 있다.

    백운 정원을 지나 고갯마루를 넘으면 월출산 자락 아래 넓게 펼쳐진 강진다원이 눈앞에 장관을 이룬다. 기암괴석의 월출산을 병풍 삼아 넓게 펼쳐진 10만 평(33.3hr)에 이르는 강진다원은 봄이면 찻잎에서 뿜어내는 빛으로 눈이 부실 정도로 푸르고 푸른 아름다운 풍경을 자아낸다.

**백운동 정원 내 백운 유거**

**월출산 자락의 강진다원**

　강진다원을 내려오면 오설록 월출산 다원공장이 나오고 길 안내를 따라가면 우리나라 최초의 녹차 상표인 '백운옥 판차'를 만든 이한영 생가인 다향산방을 볼 수 있다. 전통차, 수제녹차, 수제비를 파는 아담한 카페가 길손님을 부르고 있다. 인근에 월남사지月南寺址는 고려 시대 대규모의 월남사 터로 지금은 옛 흔적만 남아 있고, 그 옛터에 삼층탑이 홀로 우뚝이 서 있다. 세련되고 격조 높은 기풍을 풍기는 아름다운 고려 시대 석탑이다.

　삼층탑을 보며 마을길로 돌아나와 달빛 한옥마을을 지나 13번 국도를 걷는다. 신월마을에서 왼쪽으로 빠져나오면 영암 월출산으로 가는 누릿재(노루재)를 넘게 된다. 강진과 영암을 경계하는 월출산 자락 고갯마루 정상길이다. 숲이 심하게 우거진 가파르지 않은 좁은 산길에

월출산을 배경으로 고고하게 기풍을 자랑하며 서 있는 월남사지 삼층석탑

낙엽과 잡초가 길을 덮고 있다. 군데군데 길이 파헤쳐져 있고, 헤쳐진 산 흙이 채 마르지 않은 상태이기에 나도 모르게 몸이 굳어진다.

혹 멧돼지 짓 아닐까? 그렇지 않다면 누가 이 한적하고 음습한 곳에 길을 파헤쳐 놓았을까? 나무 지팡이를 주워들었다. 오랫동안 혼자 한적한 산길을 트레킹하는 것에 따른 습관적 행동이었다. 다산이 이 누릿재를 넘을 때 한양의 도봉산을 닮았다는 감흥을 담아 시 '누릿재를 넘으며'를 유배길에 남겼다.

> 누릿재 고개 위에 우뚝 솟은 바위들이
> 나그네 뿌린 눈물에 언제나 젖어 있네.
> 월남 쪽에서 월출산을 보지 말게
> 봉우리마다 도봉산을 너무도 닮았으니.

다산이 넘었을 때 누릿재는 월출산을 훤히 볼 수 있었을 것이나 지금은 숲이 무성하여 월출산을 볼 수 없다. 숲속을 걷는 누릿재인 것이다. 그 옛날 호남 유생들이 괴나리봇짐에 짚신을 메고 힘겹게 넘어 한양 과시장으로 오갔던 애환이 담긴 고갯길이다.

한양 과시장으로 갈 때의 불안한 심정은 어떠했을까? 급제할 수 있을까? 그동안 했던 공부는 충분한가? 어떤 과제가 나올까? 급제하면? 낙방하면? 늙은 부모님과 어린 동생들은 어떻게? 그때 그 유생의 심정으로 등에 멘 백팩을 괴나리봇짐으로 바꾸고 좁은 누릿재를 유생 걸음으로 걸어 올라갔다. 발걸음이 가볍지가 않다. 무거운 머리다.

누릿재를 넘어가면 저수지 사자제獅子堤가 월출산 자락에 나오고 이제 영암으로 들어가게 된다. 첫 번째로 들리게 되는 곳은 잘 알려진

누릿재 고개길

월출산 국립공원이다. 영암을 상징하는 월출산은 넓은 나주평야 한가운데 우뚝 솟은 산이다. 월출산이라는 이름은 삼국 시대에는 '달이 난다' 하여 월라산月奈山이라 불렸고, 고려 시대에는 월생산月生山이라 부르다가 조선 시대부터 월출산이라 불러왔다.

천황봉을 주봉으로 구정봉, 사자봉, 도갑봉, 주지봉 등이 동에서 서로 하나의 작은 산맥을 형성한다. 깎아지른 듯한 기암절벽이 많아 예로부터 영산靈山이라 불렀다. 월출산에는 움직이는 바위라는 뜻의 동석動石이 3개 있었다. 월출산에 처음 오른 외지인이 이 바위들을 산 아래로 떨어뜨리자 그 가운데 하나가 스스로 산으로 올라왔다 한다. 그 바위가 바로 영암이다. 이 동석 때문에 큰 인물이 많이 난다 하여 고을 이름을 영암이라 하였다고 전해진다.

향로봉, 구암봉에 천황봉을 중심으로 동서로 길게 늘어진 기암봉들이 영암과 강진을 가른다. 월출산 천황탐방센터가 웅장한 월출산 자락 아래 있다. 8코스 종점이자 9코스 시작 지점이다. 18.2km, 12시 30분이다.

**월출산 천황탐방센터**

영암은 예로부터 장엄한 기봉들과 수려한 산세를 지닌 월출산의 정기를 이어받았다. 일본 아스카 문화의 시조인 왕인王仁 박사와 풍수사상의 대가인 도선국사道詵國師 등이 탄생한 문화와 인걸의 고장으로 불리기도 했다. 걸출한 월출산이 내뿜는 정기를 이어받으며 걷는 길이 천황탐방센터에서 시작하는 기찬묏길이다. 정기가 가득 찬 산길이란 뜻이다.

일반적으로 우리나라에서 가장 기가 센 산은 계룡산으로 알려져 있다. 태조 이성계의 스승 무학대사無學大師가 개국 초기 도읍지를 계룡산으로 정할 정도의 최고 명당으로 여겨졌다. 한때는 전국 무속인이 계룡산으로 몰려들었다. 그러나 풍수지리에서는 기가 센 산으로 단연코 월출산을 꼽는다. 이 월출산의 기를 길로 표현하여 많은 사람들이 기를 받을 수 있도록 월출산 자락 고지 100m 이하로 월출산 정기가 가득 찬 트레킹 둘레길을 만든 것이 '기찬묏길'이다. 월출산 정기가 가득 찬 산길이다.

대나무 숲과 단풍나무 숲이 차례로 길게 이어지는 터널 숲에 화강석 바닥길과 흙길, 돌계단길 그리고 데크길이 교대로 나타났다. 친자연적 트레일로 지루함 없이 6.7km의 거리를 기찬랜드까지 걷게 된다. 이 길이 기찬묏길 제1코스에 해당한다. 월출산의 힘과 아름다움을 칭송하는 문인들이 많은 글을 남기기도 했다.

> 남쪽 고을의 제일가는 그림 같은 산이 있으니,
> 그곳의 달은 청천에서 뜨지 않고 이 산으로 오르더라.
> ─ 매월당 김시습(1435~1493)

삼남길 트레일 중에서도 손꼽히는 월출산 기운이 가득하고 또한 풍광이 아름다운 숲길이 기찬묏길로, 되돌아와 다시 또 걷고 싶은 길이었다. 우리 독자들에게 힘차게 추천하고 싶다.

　　기찬묏길 끝자락 기찬랜드에 이르고, 기찬랜드를 벗어나 영암 시내로 들어왔다. 영암향교를 거치고 영암읍성을 지나면 영암 5일시장을 만나게 된다. 대신교大新橋를 지나 시내를 벗어나면 농촌 마을의 논밭이 넓게 펼쳐진다. 논밭 사이사이 길로 영등리를 지나고 망동마을을 횡단해 오늘의 목적지 선암마을에 도착했다. 9코스 종점이다. 택시로 영암 시내로 와 숙박했다.

**영암 기찬묏길 1코스**

**오늘의 여정**

강진~영암 구간

8코스:　　성전면 성전 터미널~백운동~강진 설록다원~월남사지 3층탑~

　　　　　누릿재~영암 천황탐방센터


영암 구간

9코스:　　영암 천황탐방센터~기찬묏길~영암향교~영암읍성~영암 5일시장~

　　　　　영암 선암마을


출발:　　강진군 성전면 성전 터미널 오전 7시

도착:　　영암군 덕진면 선암마을 오후 4시 10분


걸은 시간:　9시간 10분

걸은 거리:　31.1km / 누계 130.1km

# 6    영암 백룡산 임도길과
       나주 만봉천을 걷는 길

**트레킹 6일째:**
**10월 21일. 목요일. 맑음**

선암리에서 백룡산白龍山 임도길로 접어들었다. 추수철을 앞둔 농촌 들녘은 누른빛으로 변해가고, 산 너머에서 막 떠오른 아침 해가 그 빛을 더해준다. 검붉은 아침 해와 누른빛의 넓은 들판에 고요한 농촌 풍광이 마음을 차분하게 감싸주고 있었다.

**선암마을의 아침**

**운곡 저수지에서 바라본 월출산**

　긴장과 근심이 슬며시 사라진 아침에 한적하고 고요한 마을을 지나 산길로 들어섰다. 운곡 저수지를 지나면 임도길이 시작되고 건너편 월출산이 웅장한 자태로 눈앞에 펼쳐진다. 아침 안개가 산자락을 감싸 안고 있는 고요하고 조용한 시골 산길 아침이다.

　좁지도 넓지도 않은 임도길 옆에는 단풍나무와 대나무가 사이좋게 나란히 있다. 한동안 단풍나무가 길게 길을 따라가고, 다시 대나무가 길을 따르며 사이좋게 교대하면서 트레킹을 지루하지 않게 해주고 있다.

　월출산 천황탐방센터에서 시작되는 기찬묏길의 아름다움이 자연과 인공의 조화로움으로 이루어졌다면, 이 백룡산 임도길은 자연이 스스로 꾸미고 가꾼 아름다운 길이다. 구비구비 돌 때마다 새롭게 보이는 크고 작은 단풍나무가 빨리 붉은색으로 갈아입고 싶은 마음을 나타내

듯, 다투어 자태를 뽐내는 줄기와 가지가 서로 엇갈려 풍광 좋은 길을 꾸미고 있다. 바람도 새소리도 물소리도 없는 적막한 고요만이 존재하는 길고 긴 임도길이다. 단풍이 절정이면 그 누가 그 어떤 문장으로도 아름다운 이 길을 형용하기 어려울 것이다. 8km, 2시간 30여 분 만에 임도길을 벗어나 화산마을에 이르렀다. 길고 아름다운 트레일이다. 깊은 가을날에 다시 걷고 싶은 길로 강하게 기억되어질 트레일이다.

**백룡산 임도길**

화산마을 감농장

　대봉감으로 유명한 화산마을을 지나오면 나주시로 들어오게 된다. 감농장이 마을을 이루고 있다. 크고 붉은 감이 가득 달린 감농장 사잇길의 감나무 밑에 갓 떨어진 성성한 홍시가 눈길을 끌고 있다.
　길 가장자리에 떨어진 감은 혹 주워 먹어도 되지 않을까? 아니지, 농부가 힘들게 지은 농산물인데. 갈등이 일어나고 시간이 지날수록 심해진다. 지쳐가는 몸에 시장기까지 느껴지니 떨어져 누운 홍시에 눈길이 저절로 가게 된다.
　발걸음이 진행될수록 눈은 자주 감나무 밑으로 갔다. 갓 떨어진 홍시 옆에는 이미 썩기 시작하는 홍시들이 여기저기 흩어져 있었다. 이것도 내일 지나면 썩을 것이다. 갈등 끝에 길가에 떨어진 홍시를 두 개 주워 들고 마을로 들어왔다. 두 손에 들어야 마을 주민이 보기 쉬울 것이다. 주인이나 주민이 이야기하면 당연히 값을 치를 생각이다. 그런데 마을에서도 주민을 볼 수 없다.

마을 노인정에서 주워 온 감을 먹었다. 주민이 보이면 설명하고 값을 치를 생각이기에 처음 주울 때와 달리 마음이 다소 가라앉는다. 그래도 마음은 편하지가 않다. 도적질은 어떤 심사로 하게 되는가?

영암과 나주 경계지에 있는 나주 덕산마을을 거쳐 세지면 동창리 5일장이 서는 동창교東倉橋에 왔다. 18.2km 지점, 12시 30분, 10코스 종점이다.

세지 동창교를 지나지 않고 왼쪽 방향으로 둑길을 따라 한동안 걸으면 만봉천萬峰川을 만나게 된다. 이제 만봉천을 따라 긴 제방길을 걷는다. 단순한 긴 제방길이다. 양림, 신촌마을을 지나고 죽동리 죽림교竹林橋를 지난다. 다시 와동, 우동마을을 보며 둑방길 트레킹은 계속 이어진다. 천川이라 불리지만 물줄기 폭이 넓고 수량도 많다. 인근 들판의 농작물은 이 만봉천의 물로 자라고 있다. 지루하리만큼 끝이 보이지 않는 길이었다.

만봉천은 영산강에서 갈래로 흘러나와 길게 흐르는 천이다. 이창동二倉洞 풍물시장을 지나면 만봉천의 시작점인 영산강과 만나는 곳에 다다랐다. 동창교에서 11.2km 거리다. 이런저런 생각이 이어지다 끊기기도 하며 걸은 걸음이 만봉천 제방길 끝자락에서 영산강 강물을 만났다. 이창동 강변 제방길이 영산강 영산포로 길게 이어진다.

나주시로 들어가는 첫 자락이 영산포榮山浦다. 호남 지역 대표적 먹거리의 하나인 홍어 이야기의 본고장이다. 홍어 이야기는 이 영산포에서 생겨났다. 영산포는 영산강을 거슬러 올라와 내륙 깊숙이 자리잡은 곳인데 바다 생물인 홍어가 어찌 내륙 영산포에서 꽃을 피웠을까?

고려 말 서해안 일대 섬사람들은 왜구의 잦은 노략질을 피해 강을 따라 이곳까지 피난 와 머무르곤 하였다. 피난민들은 잦은 피난으로 차

즘 이곳에 정착하게 되었고, 흑산도黑山島 인근에서 잡은 홍어가 영산포까지 배로 실려오는 과정에서 숙성되어 홍어 특유의 톡 쏘는 독특한 맛으로 변해, 입맛을 사로잡는 고유의 호남 향토 음식이 되었다. 삶은 돼지고기와 묵은 김치를 함께 먹는 '홍어삼합'이 전라남도 음식문화의 중요한 역할과 의미를 가지고 있다. 그래서 이 포구 앞 거리가 홍어거리가 되었다.

영산교를 건너면 나주 철도공원이 나온다. 없어진 옛 영산포역에 설치된 공원이라 '영산포 철도공원'이라고도 불린다. 지금은 시민공원 형태로 사방으로 길이 터져 있는 공원이 되었다. 철도공원 중앙길을 따라가면 나주시청에 이른다. 11번 코스 종점이다. 오늘 트레일은 영암 백룡산 임도길과 나주 만봉천을 걷는 것으로 하루를 보낸 셈이 되었다.

영산포구 앞 홍어거리

**오늘의 여정**

영암~나주 구간

10코스:   영암군 금정면 선암마을~백룡산 임도~화산마을~나주시 세지면

덕산마을~세지면 동창리 동창교

나주 구간

11코스:   동창교~만봉천~나주시 야창동 영산포 등대~영산교~나주 철도공원~

나주 시청

출발:   영암군 금정면 선암마을 오전 7시 10분
도착:   나주 시청 오후 4시 30분

걸은 시간:   9시간 20분
걸은 거리:   32.2km / 누계 162.3km

# 7  추수가 한창인 운평마을,
     그러나 농부는 보이지 않는다

**트레킹 7일째:**
**10월 22일. 금요일. 맑음**

"나주에 가서는 맛 자랑하지 마라"는 말이 있다. 그만큼 손맛이 좋고 먹을거리가 풍부한 곳이 나주다. 나주에는 3대 먹거리가 있다. 홍어 삼합, 나주 곰탕 그리고 나주 배다. 어제 저녁 나주 곰탕을 먹지 못한 것이 몹시 아쉬웠다.

숙소를 나주 시청 인근에 잡은 터라 나주 곰탕거리와 꽤나 떨어져 있었기에 포기한 것이, 이제 곰탕거리를 지나게 되니 아쉬움은 더욱 크다. 나주 곰탕거리, 옛 나주목사가 있던 곳에 금성관錦城館, 나주 목사 내아, 그리고 이웃하여 나주 향교가 자리 잡고 있다.

나주 곰탕거리

영산강 갈래천변 갈대 숲

    나주 향교를 지나 나주 시민들의 휴식처이자 산책 코스인 한수제(한수 저수지)를 왼쪽으로 보며 금성산錦城山을 올랐다. 높지 않은 산이나 나주 시내 전경을 내려다 볼 수 있는 높이다. 산 입구에 보이는 안내 표시판만 보고 곧장 등산로를 따라 갔다가 산 중간 옆길로 빠져 내려가는 길을 지나쳐 180m를 더 올라간 것이다. 오르막 산길 180m는 아침에 걷는 시간에 비해 에너지 소모가 크다. 잠시 길 찾기 방심이 이렇듯 큰 후회를 불러왔다.

    금성산 자락을 벗어나면 정렬사旌烈祠를 지나게 되고, 다시 나주시 외곽 길을 걷게 된다. 연꽃이 저수지를 가득 채우고, 곳곳에 휴식 정자와 저수지 사이사이로 이어지는 시민의 휴식 장소인 대호제를 지나면서 영산강 강변길로 이어진다. 영산포와 담양호潭陽湖를 잇는 180km의 영산강 종주 자전거 도로가 이 강변길을 지나간다. 자전거를 타고 씽씽하게 내달리는 젊은이들의 모습이 마냥 부러워 멍하게 한동안 바라보았다. 젊음은 무엇과도 바꿀 수 없는 소중한 자산이라는 사실을 깨달았을 때는 이미 때늦은 깨달음이다.

 자연습지의 갈대밭이 영산강 지천과 어울려 만들어진 꾸밈없는 자연스런 모습이 지친 몸을 감싸 안는다. 영산강변을 벗어나 노안면 장동리 노안역老安驛으로 트레일은 계속되고 이어 노안농공단지를 지나 도산리를 보며 광주광역시 광산구로 다가갔다. 한참을 더 걸어 나주시와 광주시 경계 지점에 있는 감정마을에 도착했다. 오전 10시 30분, 12.6km 지점이고, 12코스 종점이다.

 20여 호가 모여 있는 감정마을 한 처마 밑에서 휴식을 취했다. 역시나 마을 사람은 보이지 않았다. 한가하고 고요한 작은 시골 마을이었다. 체력이 저하되고 있음을 몸이 스스로 느끼기 시작한다. 몸이 고단하고 아프다. 걷기 둘째 날부터 나타나기 시작한 발목, 발가락, 발뒤꿈치, 종아리, 왼쪽 어깻죽지의 통증이 계속되었다가 어느 부위는 사라진 듯하나, 발가락에 물집이 생기고 발바닥이 부어오르고, 고관절 허리와 대내전근(허벅지 안쪽)의 통증은 지속되고 있었다.

 통증을 일일이 생각하기보다는 가능한 잊고 단순하게 걷는 것이 편하다. 길을 보고 발아래 보이는 흙과 돌만 보며 걷노라면 몸은 점차 지쳐가지만 반대로 생각은 단순해지고 머리는 오히려 점점 맑아지는 느낌이 온다. 육체적 고통은 기본적으로 짊어지고 가야 할 트레킹의 숙명이기에 몸과 마음은 걷기 6~7일째쯤에서는 통증과 고통에 적응되기 시작하면 통증은 차츰 사라져가는 기이한 현상을 체험하게 된다. 모든 통증이 사라지는 것이다. 어제의 걷기보다 오늘의 걷기는 여전한 통증 속에서도 다소 가벼움을 느낀다.

 감정마을을 건너 광주시 광산구로 들어가게 되었다. 에콜리안 광산CC 골프장을 따라 내려가면 왼쪽으로 평동 저수지를 보게 되고, 농촌의 마을과 마을로 이어지는 농로와 마을길을 교차로 걷게 된다. 추수가 한창이었다. 농부가 보이지 않는 가을 추수다. 기계 농사이기에 많은 농부가 더 이상 필요하지 않는다. 이제 그 많던 농부들은 어디에 가있는가? 실용적이고 편리한 영농이 온 들판을 휘감고 있다.

탈곡된 벼는 정미소로 가고 볏잎은 축산 농가로 가는 가을 추수를 보며 49번 지방도 빛가람장성로 옆을 따라 운평마을에 이르렀다. 계속되는 트레킹은 광산구 송대동에서 영산강과 갈라져 나온 황룡강黃龍江이 흘러가는 광주 송산松山 유원지에서 끝나게 되었다. 오후 2시 15분이다. 오늘 트레킹을 마치기에는 이른 시간이지만 지치기 시작한 몸 컨디션에 13코스 종점 오룡마을은 여기서 14km 정도 떨어진 4시간이 소요되는 거리에 있다.

**오늘의 여정**

12코스:   나주 시청~금성관~나주목사 내아~나주 향교~한수제~금성산~정렬사~
         대호제~감정마을

**나주~광주 구간**
13코스:   감정마을~평동저수지~운평마을~광주광역시 송산유원지

출발:     나주 시청 오전 7시 10분
도착:     광주광역시 송산유원지 오후 2시 10분

걸은 시간: 7시간
걸은 거리: 25.9km / 누계 188.2km

# 8 옐로우 시티 장성군과 한적한 장성역

**트레킹 8일째:**
**10월 23일 토요일. 맑음**

어제 광주 시내에서 숙박한 모텔에서 택시로 송산유원지로 왔다. 영산강에서 갈라져 나온 황룡강黃龍江은 송산유원지에서 함평군으로 흐르는 평림천平林川으로 다시 갈라지고, 큰 물줄기는 황룡면으로 길게 이어져 흘러간다. 트레일은 황룡강 강변으로 강물을 따라 길게 뻗어진다. 아침 물안개가 피어오르고 갈대가 황룡강 수변 양쪽을 가득 채우고 그 사이로 흐르는 물줄기는 굵어졌다 가늘어지며 뱀처럼 휘어져 간다. 때마침 떠오른 검붉은 아침 해가 호수처럼 모아진 강물에 비치니 산 위에 뜬 태양과 강 호수에 뜬 두 개의 태양이 트레킹 길을 비추고 있었다.

아침 풍광이 좋은 강변길은 자전거 도로이기도 하다. 지금 황룡강변 트레킹은 마치 분위기 좋은 고급 레스토랑에 앉아 멋진 느낌으로 성찬의 음식이 나오기를 기다리는 기분이다. 더 넓게 펼쳐진 갈대를 휘감아 흐르는 강물에 아득히 피어오른 물안개가 산의 음영을 받아 던져주는 풍광은 고급 레스토랑의 눈과 마음을 끌어들이는 멋진 인테리어 디자인이기도 하다. 그 풍광을 곁으로 보며 트레일의 걷는 맛에 집중되는 느낌은, 메뉴 맛에 집중하며 미각을 즐기는 황홀한 즐거움과 같은 것이기도 하다.

이 갈대숲과 나무숲, 안개구름과 뱀처럼 흐르는 강과 산의 음영이 만들어낸 몽환적 분위기의 풍광을 오직 나만이 보고 즐기며 걷는다는 것이 참으로 미안하고 아쉬웠다. 이 느낌의 좋은 길은 또 따른 길 이름인 '빛고을 산들길'과 갈라지는 임곡교林谷橋까지 이어졌다. 6.8km 길이

**황룡강의 아침**

다. 임곡교를 건너 소담한 마을들이 교차하는 농촌에는 가을걷이 추수가 한창이었다. 역시 농부가 보이지 않는다.

황룡면 소재지까지 흐르는 황룡강은 가까이 오다가 멀어지며 길게 굽어 흐른다. 황룡강변길은 조선 중기 때부터 '제주로濟州路'라고도 불리며, 한양에서 출발하여 장성으로, 장성에서 이곳 광주로, 광주에서 해남을 거쳐 제주로 간 길이기도 하였다. 삼남길의 해남에서 제주의 해로를 더 보탠 길이다.

농촌의 마을길로 이어지는 크고 작은 마을들을 거치면서 광산면 오룡마을에 다다랐다. 13코스 종점이다. 11시 5분, 12.6km 거리다. 마을 뒷산 자락에 우뚝 서 있는 감나무에는 익어가는 주황색 감들이 주렁주렁 달려 있다. 혹시나 하며 감나무 밑을 두리번거리니 갓 떨어진 듯한

**장성역 앞 시가지**

홍시가 유별나게 붉게 보였다. 마을과 꽤나 떨어진 한갓진 길옆이다. 이미 며칠 전에 떨어진 홍시가 썩어가고 있어 스스럼없이 주워 먹었다. 배고프고 지쳐가는 시간대라 달콤하고 향긋한 맛이 입 안을 가득 채워주니 이보다 더 기분 좋은 느낌이 없을 것 같았다.

　장성읍으로 이어지는 길이 넓어지다가 좁아지는 황룡강을 따라 월암리, 옥정리, 방곡리, 월평리 마을을 지나 장성읍에 도착했다. 트레일은 이어지고 이윽고 장성역에 도착했다. 14코스 종점이다. 오후 1시이고 19.5km 거리다.

　장성읍 거리에는 노란색의 건물들이 많다. 옐로우 시티 장성군이다. 밝은 색깔에 무거운 몸도 가벼워진 듯하다. 장성역에서 잠시 휴식을 취했다. 코로나19 사태로 길거리에도 역 안에도 사람이 없었다. 마스크를 잠시 내리고 호흡을 조절하고 있는데 자원봉사자인 듯한 안내양이 득달같이 달려와 마스크를 쓰라 했다. 무어라 대응할 말이 없다.

몸을 일으켜 장성으로 진입할 때 멀리서 보아온 장성호長城湖를 향해 갔다. 호남고속도로와 1번 국도를 왼편에 나란히 하며 장성 중고교를 지나 신천마을을 거쳐 장성 분기점을 지난다. 거대한 저수지이자 장성읍 주민들의 야외 휴식 장소이며 모임 장소이기도 한 장성호에 왔다. 저수지 댐 밑 넓은 나무 사이사이로 주말에 나온 시민들이 삼삼오오 모여 앉아 짙어가는 가을 정취를 여유롭게 즐기고 있다.

마스크를 쓴 사람이 많지 않다. 마스크에 막힌 넓은 대지의 맑은 공기를 한껏 마시고 싶은 마음일 것이다.

**장성호 앞 금계국이 가을을 알리고 있다.**

**오늘의 여정**

---

광주~장성 구간

13코스:    광주광역시 송산유원지~황룡강~오룡마을

14코스:    오룡마을~황룡강~장성군 장성역


장성 구간

15코스:    장성역~장성호


출발:      광주시 송산유원지 오전 7시 30분

도착:      장성군 장성호 오후 3시


걸은 시간: 7시간 30분

걸은 거리: 27.3km / 누계 215.5km

삼남길

3

익산시 여산 버스터미널

장성군 장성호

## 9    가을 단풍이 유명한 백양사역과
         100년 전통의 '샘고을 시장'

**트레킹 9일째:**
**10월 25일. 일요일. 맑음**

장성읍에서 숙박하고 어제 도착지인 장성호長城湖에 왔다. '내륙의 바다'로 불리는 장성호는 호수를 에워싼 숲속 데크길이 조성되어 호수를 끼고 시원한 산바람과 호수 바람을 함께 즐길 수 있다. 오른쪽에 호수변을 끼고 돌아가는 트레일은 잠시 후 호수를 오른편에 두고 산속 임도길로 들어섰다.

　호수 위로 피어오른 물안개가 가을 아침을 일깨우는 뿌연 연기로 덮이고, 조용하고 한가한 새벽 산길에서 청아하게 들리는 아침 새소리는 뇌마저 맑게 만들어주고 있다. 자각자각 밟히는 작은 산돌 발자국 소리도 싸늘한 아침 공기의 기분 좋은 노랫소리를 듣는 것 같다. 수목 사이사이로 간헐적으로 보이는 장성호에서 굽어지며 피어오르는 물안개의 현란한 향연이 겹겹이 쌓여 있는 산봉우리를 무대의 배경 삼아 조용하게 펼쳐지고 있다. 이 풍광 좋은 장성호 수변 임도길을 걸어가고 있다. 자연의 한 조각인 물과 안개, 수목이 어우러진 호젓한 가을날에 몸과 마음이 함께하는 트레킹이 가볍게 이어진다.

　장성호 수변길을 벗어나면 구불구불 휘어지는 임도길 산길이 오르막으로 이어지고, 누구의 방해도 없이 무엇에도 쫓김이 없는 느긋한 아침 산길이 트레킹을 살찌운다. 편안하고 포근한 아침 산길이 길게 이어져 가고 있었다. 1시간 10분, 4.1km 거리다.

　임도길을 벗어나 내리막길로 박산리 작동마을에 이르렀다. 734번

장성호 건너 산에 걸린 아침 구름

군도와 25번 고속도로가 보이는 길을 따라 백양사 휴게소(논산 방향)를 보며 백양사역이 있는 북이면으로 향했다. 가옥 수가 많지 않은 작은 시골 면사무소 소재지이지만 숙박 모텔이 두 곳이나 있다. 가을 단풍의 명가 내장산內藏山 국립공원과 백양사白羊寺 절이 인근에 있고 가을 단풍객을 실어 나르는 백양사역이 있는 곳이기 때문이다.

　　백양사역이 여느 시골 역처럼 작고 아담한 모습으로 길 나그네를 맞이한다. 아직 단풍철이 아니므로 번잡함은 없지만 곧 일년 중에 가장 제몫을 해야 할 날들이 올 것을 알기라도 한듯 흩어짐 없이 반듯한 백양사역이 나를 부른다. 15코스 종점이다.

　　백양사역 앞길에는 삼남길의 전라남도 길의 유래와 역사를 알려주는 안내판이 고색창연하게 서 있다. 해남 땅끝마을에서 백양사역까지의 코스 표시이다. 백양사역을 벗어나 마을길로 신원덕, 신목란, 목란

**작고 소박한 백양사역**

　마을을 지나고 목란제(목란 저수지)를 거치면 일관도一貫道 진덕법당 장성수련원이 있는 산길을 오르게 된다.

　　오랜 장송이 길가를 지키는 오르막길을 넘어 갈재길과 만나 정상에 서면 전라북도 정읍시 입암면으로 들어가게 된다. 전라도를 남북으로 가르는 갈재는 노령산맥蘆嶺山脈이라고도 부른다. 그러나 토박이들은 노령산맥보다 '장성 갈재'라 부르기를 더 좋아한다. 갈재 정상에서 내려다보면 남으로 전남 장성군이, 북으로는 동학의 고장 전북 정읍시가 한눈에 내려다보인다. 멀리 펼쳐진 호남평야의 끝자락을 바라보노라면 가슴이 탁 트이는 느낌이다.

　　커다란 입암笠岩 저수지를 길게 돌아 입암면에 이르렀다. 16코스 종점이다 오후 1시 10분 24.5km 거리다. 입암리를 지나 보천교普天敎 중앙본소가 있는 대흥리에 왔다. 대흥리는 애초 농가 10여 호로 이루어

전라남도와 전라북도 경계 지점. 갈재 정상

진 가난한 촌락이었으나 보천교 교주 차경석(1880~1936)이 이곳에 보천교 교단의 총본부를 만들고, 재산을 헌납하면 사후에 벼슬을 얻을 수 있다고 해서 전국에서 부자들이 모여 들면서 700가구에 이르렀다. 일제의 강력한 탄압에도 굴하지 않고 교세를 확장해 한때 교도가 600만 명에 이르렀다. 엄청난 규모의 교전教殿은 후에 이곳에 남았던 교전 건물을 뜯어다가 서울 조계종 대웅전을 지은 것만 봐도 당시 보천교의 규모를 짐작할 수 있다.

트레일은 정읍 시청으로 이어졌다. 천원역川原驛을 지나 제내, 조월, 석고, 구계마을 등 크고 작은 마을을 지나는 길고 지루한 길을 걸어 초산동 야산을 넘어 정읍 시내로 들어갔다.

먼저 눈길을 끌게 하는 곳이 샘고을 시장이었다. 전라북도에서 가장 큰 시장이며 국내에서도 다섯 손가락 안에 드는 시장으로 1914년에 처음 문을 연 100년의 역사를 가진 시장으로 유명하다. 샘고을 시장의 원래 이름은 정읍 제1시장이었으나 시민 공모로 샘고을 시장이 되었다. 시장이 있던 자리에 샘이 많아 '샘이 있는 고을', 즉 정읍井邑이라는 뜻에서 붙여진 이름이다. 점포가 280여 개나 되고 시장 안에서 장사하는 상인의 수만 500여 명이 넘는다. 시장 주변에서 난전을 하는 할머니들의 난전상까지 합하면 그 수는 더 많아진다.

처음에는 5일장으로 출발하였으나 지금은 매일장으로 운영되고 있다. 특이한 점은 공설시장이 아니라 사설시장이라는 점이다. 전통 재래시장임에도 규모가 크고 각각 전통 품목을 취급하는 가게 수가 많으니 자연히 전체 규모도 크고, 모든 품목들이 취급되니 백화점 형태의 재래시장이라 할 수 있다. 이윽고 오늘 도착지이자 17코스 종점인 정읍시청에 도착하였다.

정읍 샘고을 시장

**오늘의 여정**

장성 구간

15코스:   장성호~북이면~백양사역

16코스:   백양사역~갈재 정상


정읍 구간

16코스:   갈재 정상~입암 저수지~입암면 행정복지센터~입암 파출소

17코스:   입암 파출소~보천교 중앙본소~전원역~샘고을 시장~정읍 시청


출발:   장성군 장성호 오전 6시 50분

도착:   정읍 시청 오후 4시 50분


걸은 시간:  10시간

걸은 거리:  37.1km / 누계 252.6km

# 10   항일 의병이 처음 시작된
##      태인향교

**트레킹 10일째:**
**10월 25일. 월요일. 맑음**

정읍시에서 숙박한 다음날 아침 출발지인 시청 앞에서 길을 찾느라 이리저리 찾아다니다가 지체한 후 출발했다. 언제나 그렇듯 도심지에서 출발되는 트레일 시작은 그 주위에는 길 안내 표시가 없다고 해도 무방하다. 안내 리본 부착이나 안내판이나 글 표시가 없거나, 있었다 해도 훼손된 경우가 많기 때문이거니와 아니면 처음부터 표시를 할 수 없었기 때문일 것이다.

시청 옆 충렬사忠烈祠를 거치게 되어 있는데, 트레킹 길 안내 표시나 리본이 없었다. 충렬사 정면에서 왼쪽으로 돌아 뒷편 산길로 연결되는 트레일은 성황산 산길로 이어진다. 성황산城隍山은 조선 시대 정읍현의 주산으로 고을 수호신을 모시던 성황사가 있어 그 이름이 된 것이다.

성황산 정상으로 향하는 숲길 능선을 따라가는 걷기 좋은 길로 정상을 넘으면 정읍 시가지를 따라 정읍 제2산업단지를 지난다. 이어 원불교 화해교당을 지나고 외야마을을 거쳐 송배마을로 들어갔다. 여기저기 흩어진 농촌 마을길로 연결되는 도시와 농촌의 경계가 허물어진 시골 마을길이 이리저리 휘어지며 트레일로 연결된다.

송배마을 인근 고추밭에서 한 농부가 잡초를 막기 위해 밭고랑 사이에 깔아 놓았던 두터운 비닐을 거두고 있었다. 길 위에 길게 늘어놓은 뒤 둘둘 말고 있는, 20여 미터나 되는 비닐을 혼자 끌고 말고 하느라 분주하다. 고추밭은 탄저병으로 인해 익어가던 고추가 모두 검고 누렇게 변해 있었다. 금년도 고추 농사를 탄저병으로 망친 것이다.

금년 봄 외씨버선길 트레킹 때 경북 청송에서도 비슷한 일을 목격했다. 탄저병으로 고추 농사를 접어야 하는 농부의 안타까움이 이곳 태인泰仁에서도 일어나고 있었다. 넓고 긴 고추밭의 설치물을 혼자 손수 정리하고 있는 것이다. 어깨가 축 처진 힘없는 모습을 보노라니, 그 장면을 보고 있는 내 가슴도 애잔하였다. 무슨 말이라도 위로의 말을 드려야 할 것 같은데 자칫 슬픈 이야기를 되새기게 할 것 같아 먼발치에서 우두커니 바라만 보다가, 그 아픈 마음을 묻어두고 다시 걷기 시작했다. 농부의 애타는 심정을 누가 알고 위로해 줄 수 있을까? 사는 것이 무엇인가?

계속되는 트레일은 장학리 원불교 장학교당을 거쳐 지나가게 된다. 10시 50분 14km 거리다. 계속되는 발걸음은 태인면으로 이끌고, 24번 군도를 벗어나 논길과 마을길을 지나 태창리 용신마을을 거쳐 3.1기념탑과 태인향교泰仁鄕校에 도착했다. 1421년(세종 3년)에 창건된 향교다. 1905년 을사늑약이 체결되자 최익현崔益鉉이 항일의병 운동을 촉구하며 이곳 태인에서 의병을 처음으로 모아 태인향교에 집결시켰다. 항일 의병이 처음 시작된 곳이 태인이며 태인향교다.

태인향교를 지나오면 태인 버스터미널이 가까이에 있다. 18코스 종점이다. 태인은 예전에는 1만 가구가 넘는 큰 고을이기도 했다. 또한 주민들의 자긍심 또한 대단했다. 전라도를 대표하는 문향으로 꼽히는 고을이기 때문이었다. 정극인丁克仁(1401~1481)이 말년을 보내며 상춘곡賞春曲을 지은 곳이고 전라도를 대표하는 무성서원武城書院이 있던 곳이기도 하다. 고운 최치원이 군수를 지냈고, 이순신이 현감을 지냈다.

버스터미널을 뒤로 하고 길을 걸으면 연꽃이 가득한 연못의 호남 제일의 정자로 불리는 피향정披香亭이 나온다. 연꽃이 피면 향기가 가득

**태인향교**

하여 피향정으로 불렸다. 신라 말 태산泰山(정읍) 군수로 부임한 고운 최치원崔致遠(857~908)이 연못가를 거닐며 풍월을 읊은 곳이라 전해지는 곳이다. 시민들의 휴식 공간이 함께 어우러진 가로수 길과 연못을 가로지르는 연꽃 사이사이 데크길이 운치를 더해주었다. 11세부터 전남 영광 불갑사佛甲寺와 백양사의 우화루雨花樓 등의 현판을 쓰는 등 천재 여류 서예가 김진민金瑱珉의 고향이다.

고천리를 경유하고 녹동마을 녹동회관을 지나 용호 교차로에서 1번, 21번 시도를 오른쪽으로 두고 자동차 길을 따라 솥튼재를 넘으면서 서남권 추모공원을 만났다. 솥튼 고갯길이다. 화장시설과 봉안실, 땅에 매장하는 평 매장으로 이루어진 대규모 추모공원이다. 평일인데도 주차장에는 많은 차량들이 주차해 있었다. 오후 2시 40분이다.

내리막길이 계속되고 통사마을을 지나 계봉마을을 지나면 김제시로 들어가게 된다. 김제시 금산면 원평터미널이 오늘의 도착지이자 19코스 종점이다. 터미널 앞에 있는 옛날 여관이 원평리 소재 유일한 숙박업소다. 허름한 건물에 1층은 옛날식 다방이 차지하고 있고 2~3층은 여관이다. 그런데 오늘은 남아 있는 방이 없다고 했다. 그렇게 늦은 시간이 아닌 오후 4시경이다.

방이 없다고? 숙박 방이 없다고요? 낭패도 이런 낭패가 없다. 이곳 아니면 다시 김제나 정읍으로 가야만 했다. 정신이 어지러워진다. 택시를 타고 갔다가 내일 다시 와야 하는 처지가 된 것이다. "혹 특실이 있으면 비용을 더 부담하겠습니다. 아니면 잠만 잘 공간이라도 좋습니다"라고 채근했다. "방이 하나 있긴 있는데 난방이 되지 않는 방이오. 침대에 전기담요를 깔아줄 수 있소."

그 말에 얼른 타협했다. 막상 방으로 가보니 오랫동안 쓰지 않은 듯 냉기가 가득했고 한구석에는 옷인 듯한 큰 보따리가 치워지지 않고 있었다. 정리가 되어있지 않은 방이다. 그나마 더운 물은 나오기에 세수만 하고 얼른 전기담요 위로 들어가 하룻밤을 보내야 했다.

벌써 트레킹 10일째다. 몸 이곳저곳에서 아프던 부위의 통증은 대부분 사라졌지만 몸에 힘이 빠지고 걸음걸이가 늦어지는 체력적 부담에서 벗어날 수 없는 현상을 느낄 수 있었다. 체력이 서서히 떨어져 가고 있는 것이다. 지금부터 걷는 트레킹은 정상적인 몸 상태에서 이루어지는 것이 아니라, 정신력이 몸의 일부를 장악하고 있는 것이기도 하다.

앞으로 2일을 더 걸어 전라남북도 종단을 마치고 이번 트레킹의 전반을 마감하느냐, 아니면 4일쯤을 더 가서 충청남도 천안시에서 마감하느냐를 결정해야 했다. 천안시는 서울 집에서 출발하는 당일 트레킹이 가능한 곳이다. SRT로 연결된다. 정신은 4일을 더 가자 하고, 육체는 2일만 더 걷자 한다. 60대 정신력에 70대 체력이 맞부딪히고 있는 것이었다.

　　2011년 스페인 산티아고 순례길 933km 걷기에서 20여 일이 지나면서 체력의 저하를 피부로 느끼기 시작하며 느낀 갈등이 떠올랐다. 즉 극한의 힘든 순례길에서 정신이 육체를 지배해서 순례를 계속할 수 있느냐? 아니면 육체가 정신을 지배해서 순례를 계속할 수 없느냐 하는 고민이었다. 바꾸어 말하면 몸이 먼저 지치느냐, 정신이 먼저 지치느냐는 문제였다.

　　산티아고 순례길이 가톨릭 성지 순례길이기에 '영적인 정신이 앞장서서 걷는다'가 옳은 생각 같지만, 그 반대로 몸이 움직여야 갈 수 있기에 당시의 생각은 분명히 '몸이 마음을 앞 선 것'이라 생각했었다. 그런데 이번 트레킹에는 정신이 육체를 이끌어가고 있는 느낌이다. 그렇다면 이번에도 4~5일 정도는 더 걷고 트레킹을 마쳐야 옳은 것이다. 그런데 몸과 마음의 합일슴은 '2일 더 걷기'였다.

　　잠잠하던 오른쪽 종아리가 통증을 다시 내기 시작했고 왼쪽 어깻죽지도 아픈 소리를 낸다. 바지의 허릿줄이 나날이 줄어들고, 배낭의 허릿줄과 가슴 줄도 아침마다 다시 조절하여야만 했다. 트레킹 출발 전 2kg을 늘린 체중은 이미 소진되었고 앞으로 2일을 더 걸으면 1kg, 4일을 더 걸으면 1.5kg이 더 줄 것이다. 정상 체중에서 1.5kg 가까이 줄어드는 것이다. 내일 하루 더 걸으면서 2일을 더 걸을 것인가, 아니면 4일을 더 걸을 것인가를 결정해야겠다.

**오늘의 여정**

18코스:   정읍 시청~충무공원 충렬사~성황당~정읍 제2산업단지~태인 향교~
         태인면 태인 버스터미널

정읍~김제 구간

19코스:   태인 버스터미널~피향정~솥튼재~서남권 추모공원~
         금산면 원평 버스터미널

출발:    정읍 시청 오전 7시 20분
도착:    김제시 금산면 원평 버스터미널 오후 3시 40분

걸은 시간:  8시간 20분
걸은 거리:  29.4km / 누계 282km

## 11     콩쥐팥쥐 이야기가 벽화로 장식된
            이서면 앵곡마을

**트레킹 11일째:**
**10월 26일. 화요일. 맑음**

어제 저녁 춥게 잔 탓인지 아침에 일어나니 몸이 어제와 달리 유난히 무거웠다. 추위와 피로감이 겹친 탓이리라. 오늘 일정이 비교적 길기 때문에 평소보다 빠른 시간에 출발했다. 사실은 추위에 일찍 깬 탓이기도 했다.

아슴푸레한 아침 시간에 무거운 몸이 발걸음을 무겁게 옮겨 놓는다. 마을 뒤 언덕길을 지나며 금산면을 빠져 나오고, 논과 밭이 공존하는 농로를 거쳐 작은 마을들을 지나고 1번, 21번 국도를 바라보며 작은 농촌 마을들을 차례로 지났다. 삼남길 표지나 리본으로 안내되는 길이 아니다. 간헐적으로 표시가 보이긴 하지만 삼남길 안내 표시로는 논과 밭이 어우러진 농로와 마을로 연결되는 길로 찾아가기에는 쉽지 않았다.

출발 1시간쯤에 논길 사이에서 작동하던 램블러앱이 갑자기 작동되지 않는다. 지도에 나타나는 유적지나 관광지 등 비교적 알려지고 찾아가기 쉬운 길에서는 앱을 닫고 지도나 삼남길 안내 표시로 갔지만, 논밭 길이나 작은 마을이 연결되는 길에서는 앱으로 길을 따라 걸었다. 그런데 시골 논밭 사잇길에서 작동이 중단된 것이었다. 이유를 찾을 수 없다. 여러 방법으로 작동하기를 눌렀으나 쉽게 알 수 없었다. 논 길가에 앉아 배낭을 내려놓고 해결 방법을 찾아보았다.

답답한 마음은 시간이 지날수록 조급해지고, 조급한 마음은 앱을 구동시키려는 조바심만 내게 할 뿐 내 실력으로는 방법을 찾을 수 없었다. 컴퓨터와 스마트폰을 잘 아는 서울 친구에게 전화를 했다. 서울과 전라도 김제 논에서 원격 조작으로 해결책을 찾아본다. 결국에는 스마

트폰을 끄고 잠시 후 작동을 시켜보고, 그래도 불가하면 램블러앱을 다시 다운로드 받아야 한다는 가장 기본적 내용으로 돌아가야 한다. 그러나 당장은 생각하지 못하고 급한 마음만 앞서고 있었다. 걷기가 중단되고 있는 것이다.

　들고 있던 지도를 펼쳐 가야 할 길을 가늠해 보았다. 앱이 작동하지 않으면 어쩔 수 없이 삼남길을 표시하는 리본이나 안내표시를 찾아야 하는데 시골 마을이나 논밭 길에서는 찾을 수 없다. 삼남길을 포기하고 앱을 복구할 수 있는 곳까지 국도나 지방도로를 따라가야 할 수밖에 없다. 가장 가까운 곳이 김제시 금구면이다. 건너 보이는 1번, 21번 국도를 따르면 약 1시간 20분 거리일 것이다.

　가쁘던 가슴을 다소 진정시키고 차분한 감정으로 앱을 켜고 절차에 따라 진행시켜 보았지만 앱은 여전히 살아나지 않는다. 이제 새롭게 다운로드를 받기로 했다. 다시 회원 가입부터 필요 절차에 따라 입력했으나 이번에는 승인이 나지 않았다. 기 등록된 메일이라 하여 메일 주소가 등록되지 않고, 내가 사용하는 메일로 다운로드 받아 이제까지 작동해 왔는데… 다시 시도해도 같은 내용의 반복이다. 점점 숨이 가빠온다.

　마지막으로 아내의 메일을 입력하여 시도하니 로그인이 되고 다운로드가 되었다. 휴~ 큰 숨쉬기로 뛰던 가슴을 진정시켰다. 오랜 시간에 앱을 작동시켜 걸으니, 가끔 과부하가 걸리는 것인지도 모른다. 한적한 마을길에서는 GPS 앱 없는 트레킹은 길 찾기에 많은 에너지를 소모하게 된다. 1시간 가까이 지체되었으니 발길을 부지런히 움직여야 했다.

　용복리, 서도리를 거쳐 김제시 금구면에 이르렀다. 오전 10시 10분, 9.8km 지점이다. 농촌 마을들로 연결되는 논밭 길과 마을길이 길게 이어지는 트레일은 국도 옆 마을길을 따르고, 마침 배 과수원이 크게 자리 잡은 길목에서 농장 주인이 큼지막한 배를 보살피고 있었다. 지나

쳤던 발길을 되돌려 그에게 통사정해 본다.

"배 두 개만 살 수 있나요?"

후덕한 인상 좋은 주인에게 '목이 마르고 발걸음이 너무 힘들어 목을 추기고 가면 고맙겠다'고 덧붙인다. 주인은 다섯 개를 내밀었지만 나는 두 개만 필요하였다. 한 개는 여기서 먹고 한 개는 배낭에 담아갈 심산이기에 두 개면 충분했다. 1만 원을 드렸더니 한사코 거절하며 나머지 세 개를 두고 가는 것에 서운한 표정이다. 아직도 살아있는 훈훈한 농촌 인심에 눈시울이 붉어온다. 누가 인심이 메말랐다고 했던가?

길가에 앉아 굵고 잘 익은 시원한 배 한 개를 다 먹고 나니 목마름도 달아나고 허전한 배도 채워졌지만 지친 몸은 쉬 일어나지 못한다. 괜히 서글픈 생각이 스멀스멀 기어나온다. 무엇이 나를 이렇게 위축시키고 있는가? 체력이다. 바로 체력이 바닥으로 가깝게 다가가고 있는 것이다. 트레킹을 계속할 수는 있겠지만 건강을 해칠 염려가 앞섰다. 잠시만 잠시만 하며 보낸 시간이 20여 분을 훌쩍 지나버렸다. 이번 트레킹은 내일 익산까지 마치고 서울 집으로 일단 돌아가야겠다.

광현마을 광현제(광현 저수지)를 지나고 구암마을을 거쳐 호남고속도로 이서휴게소를 통과해 이서 고속주유소에 도착했다. 20코스 종점인 완주군 이서면이다. 팥죽이로를 따라 이서면을 경유한다. 콩쥐팥쥐로와 만나는 이서면 행정복지센터를 지나면 길 이름은 반교로로 바뀌고 시군도 3번으로 직진하게 된다.

한국도로공사 수목원에 있는 지방행정연수원을 지나면 반교리와 용서리를 거쳐간다. 반교리는 관상어 양식장으로 유명한 곳이다. 주민들이 30년 넘게 비단잉어와 금붕어 등 관상어를 양식해 국내 관상어 판매량의 85% 이상을 공급한다. 5천여 평 대지 위에 양식장, 물고기 전시 체험장 등 다양한 시설을 갖추고 있어 '물고기 마을'로 널리 알려져 있는 곳이다.

이서면은 전주시와 김제시로 둘러싸여 있는 고립된 면으로 완주군과는 떨어져 있는 별개 지역이다. 이서면을 동서로 가로지르는 716번 지방도로의 별칭이 콩쥐팥쥐로이다. 완주의 대표 벽화마을인 앵곡마을은 누구나 어릴 적 할머니가 들려주었던 콩쥐팥쥐 이야기의 배경지로 '콩쥐팥쥐 동화마을'로 알려져 있다. 콩쥐팥쥐 한옥 리조트에 더해 골목골목마다 콩쥐팥쥐 이야기가 그려져 있는 벽화마을로 잘 알려진 곳이다.

이서면을 벗어나 전주시 덕진구를 지나게 되고 전주와 완주를 가로지르는 만경강萬頃江을 건너는 삼례교를 지나면 완주군 삼례읍이다. 만경강을 건너 비비정飛飛亭을 지나 삼례읍 문화예술촌에 이르렀다. 일제 강점기 때 수탈을 위해 만들었던 양곡창고를 지역 문화예술 공간으로 재탄생시킨 곳이 삼례문화예술촌이다. 상설과 임시 전시회가 열리는 4개의 전시관과 부대시설을 갖춘 양곡창고가 등록문화재로 지정된 특이한 공간이기도 하였다. 오늘의 도착지이자 21코스 종점이다.

앵곡마을 안내판

삼례문화예술촌

### 오늘의 여정

김제~전주 구간
20코스:　　금산면 원평 버스터미널~금구향교~이서면 이서 고속주유소

전주~완주 구간
21코스:　　이서면 이서 고속주유소~물고기 마을~한국도로공사 수목원~
　　　　　비비정~삼례읍 삼례문화예술촌

출발:　　김제시 금산면 원평 버스터미널 오전 6시 30분
도착:　　완주군 삼례읍 삼례문화예술촌 오후 5시

걸은 시간: 10시간 30분
걸은 거리: 35km / 누계 317km

## 12     한국의 시조 문화를
            느낄 수 있는 가람 생가

**트레킹 12일째:
10월 27일. 수요일. 맑음**

삼례터미널 인근 숙소에서 출발지 삼례문화예술촌으로 왔다. 어제 식당에서 저녁을 먹었을 때 오늘 아침 식사가 가능하다는 말을 듣고 오늘 아침은 쌀밥을 먹고 길을 나섰다. 삼례성당을 지나 어제 묵었던 삼례터미널을 거쳐 시가지를 빠져 나왔다.

    신금리 월산마을을 지나고 학동마을을 거치면 자운영 벽화마을로 알려진 정산그린마을로 이어진다. 한적하고 고요한 작은 시골 마을의 정겨운 벽화들이 어둡던 마을에 생기를 불어 넣어주고 있다. 이 작은 그림들이 예술이란 이름으로 치장되어 몸과 마음이 지친 길나그네에게 활력을 선사해 주고 있는 것이다. 우리 생활에서 예술이 주는 삶의 값어치는 그 무엇으로도 가늠하기 어렵다고 할 수 있겠다.
    농익은 딸기가 떨어질 듯했다. 군침이 입안에서 빙글빙글 돌 정도로 현실감 있게 그려져 있다. 봉동읍 구암리 원구암 마을을 지나 통정마을에 도착했다. 9시 30분, 9.1km 거리다.

    25번 호남고속도로가 건너편으로 지나간다. 고속도로를 지나면 완주군에서 익산시 왕궁면으로 진입하게 되고, 신기마을을 지나 마을길과 농로를 바꾸어 걸어가면 익산보석박물관으로 향하게 된다. 숲속길이 길게 이어지고 마을길로 들어오면 축사에서는 아침밥을 먹은 소들이 여유롭게 되새김질을 하고 있었다. 지친 어깨를 늘어뜨리고 터덕

**삼례성당의 성모상**

**삼례 자운영마을의 벽화**

터덕 힘없이 걸어가는 트레커를 가여운 듯 멍하니 쳐다본다.

　추수를 눈앞에 둔 들판은 누런 황금물결이 바람에 따라 일렁이며 추수를 기다리고 있는, 편안하고 고요한 농촌 풍경이 어깨 너머로 따라왔다. 황금물결의 벼를 보면 '천하지대본'이라는 농업의 중요성을 떠오르는 것은 어릴 적 농촌 생활에서 몸에 익어진 잔재이리라.

　광암리를 지나 동용리에 있는 익산보석박물관에 도착했다. 10시 50분 14km 거리이고 22코스 종점이다. 공룡테마공원과 함께 익산의 대표적인 가볼 만한 관광지다. 다양한 원석 보석에서부터 가공된 보석에 이르기까지 보석에 관한 모든 것이 있는 국내 유일의 보석박물관이다. 관람에서 구매까지 이곳에서 한꺼번에 이루어진다. 익산은 백제 무왕武王(600~641)의 천도지로 백제왕궁터, 미륵사지彌勒寺址 등 유물과 사적들이 많은 곳이다.

**익산보석박물관**

익산보석박물관을 지나면 왕궁 저수지가 길 따라 길게 이어졌다. 꽤나 큰 저수지를 자동차 도로와 함께 걸어갈 수 있다. 연봉정蓮峰亭을 지나면 여산면으로 들어가게 된다. 시군도를 따라가다 원수 저수지를 오른쪽으로 끼고 마을길로 저수지를 따라 독향마을로 들어갔다. 용화산龍華山 석굴암이 있고 서동요 제2세트장이 있는 용화산 둘레길이다 이 둘레길 끝자락에 가람 이병기李秉岐 선생 생가가 있다.

이제 용화산 자락을 끼고 있는 매봉재를 넘어간다. 삼남길 트레킹이 아니면 굳이 다니지 않을 길이기에 산길도 선명하지 않다. 사이사이에 삼남길 표시 리본이 나뭇가지에 걸려 있어 어렵지 않게 트레일을 따라 지날 수 있는 길이기도 하다. 한적한 길이므로 조심하며 트레일을 찾아간다. 지친 몸에 혼자 걷는 산속이라 여간 조심스럽지 않다.

또다시 몸과 마음을 긴장시키는 장면이 눈앞에 펼쳐졌다. 간밤에 멧돼지가 지나간 자국이다. 그냥 지나간 발자국이 아니라 땅을 온통 휘저어 놓았다. 조심스레 지나가면서 주위를 살펴본다. 땅을 휘저은 자국들이 계속 나타나고 파헤친 흙이 채 마르지도 않았다. 언제나 산속길은 긴장과 조심성을 필요로 하므로 주위를 둘러보았으나 방어용 막대기로 사용할 만한 마땅한 나무가 없었다. 천천히 주위를 살피며 나아가는 것이 지금으로서는 최상의 방안이다. 잠시 후 나무토막을 주워 들고 배낭을 고쳐 멘다. 멧돼지는 야행성이라 하지만 아침에도 활동을 한다. 편백나무 숲과 소나무 숲과 관목들로 어우러진 용화산 둘레길은 사람이 많이 다니지 않은 흔적이 남아 있는 한가하고 적적한 트레일이다.

산길을 벗어나 마을길로 내려왔다. 휴~ 큰숨을 내쉬자 온몸에 들어갔던 긴장이 빠져나온다. 여산면 원수리 진사동이다. 이어 가람문학관이 있는 이병기 선생 생가에 다다른다. 넓은 주차장 앞에 갈색 벽돌

멧돼지가 파헤친 자국

로 지어진 현대식 건축물의 가람문학관이 아담한 모습으로 나타났다. 안채, 사랑채, 고방채와 억새로 지붕을 이은 소박한 정자로 단장된 생가가 건너편에 있고 생가로 가는 길에 가람선생 동상이 있다. 책을 펼쳐 보는 곁에 앉아 어깨 너머로 바라보았다. 국문학자이자 시조 작가인 가람 선생이 태어나고 말년을 보낸 집이다. 이 집은 조선 후기 양반집의 형태를 따라 안채와 사랑채, 고방채, 정자로 이루어져 있다. 1844년 가람 선생의 조부가 건립하였다고 전해진다.

    가람 선생 생가를 나오면 마을길로 연결되는 1번 국도와 마주한다. 국도를 건너 799번 시군도를 따라 여산면으로 향했다. 신리교를 지나고 여산향교礪山鄕校를 거쳐 여산면 행정복지센터가 있는 여산 버스터미널에 당도했다. 오후 1시 30분, 23.1km 거리다. 오늘 트레킹 중에 몸의 컨디션을 생각하며 계속 더 걸을 것인가, 아니면 오늘로 1차 여정을 마치고 집으로 가야 하는지에 대해 많이 생각했다. 다소 무리를 하게 되면 천안시까지 갈 수 있을 것 같지만, 삼남길 전 구간을 이번에 완주하지 않는다면 오늘로 1차 트레킹을 마치고 내년 봄 시즌에 마무리하는 것도 그다지 나쁜 선택이 아니라는 결론에 이르렀다.

여산 터미널에서 택시를 타고 익산역으로 온 다음 SRT편으로 서울 수서역에 도착하여 집으로 왔다.

**가람 이병기 선생상**

**오늘의 여정**

완주~익산 구간

22코스:　완주군 삼례문화예술촌~삼례성당~자운영 벽화마을~익산 보석박물관

익산 구간

23코스:　익산시 보석박물관~원수저수지~용화산둘레길~이병기 생가~여산향교~여산면 여산버스터미널

출발:　완주군 삼례문화예술촌 오전 7시 10분

도착:　익산시 여산 버스터미널 오후 1시 30분

걸은 시간: 6시간 20분

걸은 거리: 23.1km / 누계 340.1km

# 삼남길

# 4

평택시 소사동 대동법시행기념비

익산시 여산 버스터미널

## 13  개화기 순교의 아픔을 지닌
       여산 백지사 터

**트레킹 13일째:**
**2022년 4월 1일. 금요일. 흐린 후 맑음**

2021년 10월 16일 삼남길 1코스 출발지인 해남 땅끝마을에서 시작하여 10월 27일 전라북도 익산시 여산면까지 12일 동안 340.1km 거리를 트레킹했다. 해가 바뀌고 계절도 가을과 겨울을 지나 봄으로 바뀐 오늘, 나머지 구간인 익산시 여산면에서 서울 광화문까지의 삼남길 종주 마지막 나머지 구간의 트레킹이 시작되었다.

　수서역에서 SRT로 익산역에 8시 40분에 도착하여 택시로 지난 해 1차 트레킹 마감지였던 여산면 버스터미널에 도착했다. 버스를 기다리는 사람도, 내리는 사람도 보기 힘든 한적한 시골 버스터미널이 눈에 익은 모습이다. 무슨 긴장감이 오는지 트레일 앱인 램블러의 트레일 찾기에 혼선이 생겨 40여 분을 허비했다.

　여산고등학교로 가는 방향에 여산 숲정이 순교성지로 가는 안내판이 큼지막하게 길가에 우뚝 서 있다. 여산 숲정이 성지는 1866년 병인박해 때 천주교도들이 처형되어 순교한 곳이다. 1855년 흥선대원군의 통상수교 거부 정책과 천주교 말살 정책으로 시작된 박해는 1868년에 이르러 가장 심했다.

　호남의 관문으로 일찍이 천주교가 전해진 이곳 여산에는 수많은 공동체가 형성되었다. 1868년부터 천주교도들이 체포되어 여산 숲정이, 여산동헌 앞 백지사白紙死 터 등에서 23명이 순교하였다. 알려지지 않은 천주교도를 포함하면 그 숫자는 훨씬 더 많아 전주 숲정이 순교성지 다음으로 순교자가 많았다. 백지사白紙死의 '사'는 절 사寺가 아니라 죽음을 뜻하는 사死이다.

　백지사 형벌은 매우 잔인하다. 동헌 마당에 나무 말뚝을 박고 천주교우를 앉힌 다음 손을 뒤로 결박하고 상투를 풀어서 결박된 손에 묶어 얼굴을 하늘로 향하게 한다. 그 다음 얼굴에 물을 뿜고 그 위에 백지를 여러 겹 붙여 질식사시키는 처형 방법이었다.

　주변에 여산성지, 백지사 터, 여산동헌과 척화비 등이 있어 우리나라 근대사에서 매우 중요한 의의를 지닌 곳이다. 많은 순교자를 배출한 곳으로 전주교구 제2성지이면서 전라북도 기념물 제125호로 지정되어 있다. 남보다 앞선 깨인 생각을 가진 사람들이 목숨을 잃는 시대가 우리를 앞서 갔다. 그 순교자들의 순교 당시 심정은 어떠했을까? 순교자들은 담담하고 떳떳하게 순교하였다고 전해진다. 많은 순교자들의 억울한 죽음을 생각하니 숙연해진다.

여산 숲정이 성지 예수상

시가지를 벗어나면 곧 1번 국도를 만나게 되고 그 1번 국도를 벗어나 마을길로 접어들었다. 지방도도 군도도 없는 한갓진 마을길로 저 멀리 벗어난 1번 국도를 보며 작은 마을과 들판길을 따라 북상했다. 한양에서 오는 호남 첫 고을이라 불리는 월곡마을을 지나 충청남도 논산시 연무대읍으로 들어갔다.

**호남의 첫 고을인 월곡마을**

삼남길(코리아 트레일) 23코스 종점인 신평마을에 이르렀다. 들판에는 모심기를 위한 고랑고랑의 기름진 암갈색 흙더미가 근육질을 자랑하며 다가오는 봄을 마음껏 맞을 준비를 하고 있다. 훈훈한 흙냄새가 가슴속 깊이 들어왔다.

**봄이 들녘에 오고 있다.**

한갓진 들녘을 지나며 마을을 지나고 다시 들녘을 맞으며 걷는 길에 마음은 한없이 가볍고 푸근하다. 여산터미널에서 트레일 앱으로 잠시 실랑이했던 어지러운 마음은 모두 어디로 갔는지… 마을 담장 가장자리와 마을 길 어귀에 피기 시작한 샛노란 개나리가 봄의 전령을 데려다 놓고 "보고 가세요, 즐기고 가세요" 하는 양 봄바람에 흩날린다.

　신평마을을 지나 계속되는 봄의 들녘으로 트레킹 길은 이어지고 효죽마을을 지나면 길은 잠시 1번 국도를 잠깐 보이다가 금곡리를 향했다. 금곡서원金谷書院을 거쳐 견훤왕릉甄萱王陵으로 안내하고, 왕릉으로 가는 오르막 계단 길이 몸의 기운을 빼앗듯 가쁜 숨을 쉬게 만든다. 후백제 왕으로 알려진 견훤은 경북 상주尙州 가은현加恩縣(지금의 문경시 가은읍) 사람으로 한때는 후삼국 중에서 가장 큰 세력으로 성장했다. 그러나 아들 신검神劍과의 왕위 계승 내분으로 936년 고려에 멸망하게 되는 운명을 맞이했다.

　봄기운이 완연하게 왕릉 주변을 감싸고 있는데 견씨 후손이 세웠다는 조촐한 왕릉비석이 옛 권력자의 영광을 나타내 보이기에는 너무도 단촐하고 덧없다. 쓸쓸함이 여지없이 드러나 보이고, 왕릉 주변에 오래 자란 큰 모란꽃나무는 호위 무사처럼 하얀색의 단아한 모란꽃을 피워내 그나마 왕릉의 쓸쓸함을 달래주고 있었다. 떨어져 내리는 모란꽃이 흰 눈물인 듯 옛 영화를 되돌아보게 한다.

　모란은 부귀영화를 상징한다는 꽃이다. 견훤 왕릉 주위에 가득 핀 모란꽃이 무덤만이 호젓이 외롭게 있는 곳에 풍성하게 피고 지는 것은 사후에라도 부귀영화를 누리라는 뜻일까? 이 모란꽃 때문에 왕릉을 찾는 사람들이 많다고 한다. 내가 보아온 모란꽃나무 중에서 가장 큰 나무다.

견훤왕릉과 주변 모란꽃나무

견훤왕릉을 벗어나면 연무대읍으로 향하게 된다. 삼남대로 옛길을 따르게 되고 마을길과 들녘을 이어 걸었다. 저 넓은 들판에서 살랑살랑 걸어오고 있는 봄 자락을 볼 수 있다. 오는 듯 안 오는 듯, 보이는 듯, 안 보이는 듯, 처음에는 눈으로, 다음에는 피부로 그리고 마지막에는 가슴으로 다가온 봄이 나도 모르는 사이에 내 몸을 휙 감싸 안는다. 솜사탕처럼 부드럽고 화사하고 따뜻한 기운으로 날아가듯 가벼운 발걸음으로 나를 이끌어간다. 꿈같은 봄날이다.

봄을 찬양하며 감상하며 걷는 마을길이다. 들판길 끝자락에 연무대鍊武臺 읍이 있다. 우리에게 논산훈련소라 불리는 연무대육군훈련소가 있는 곳이다. 대한민국 대부분 남자들에게는 잊지 못할 추억이 서린 곳이기도 하다. 연무대 5일장을 거쳐 한갓지고 자그마한 연무대 버스터미

**용천1리 노인회관 앞의 자목련**

널을 지나고 연무대읍을 벗어나면 다시 삼남대로 옛길로 이어진다.

동산리를 거치고 용산리에 있는 익성군益城君 신도비를 지나면 은진면으로 들어오게 된다. 오후 4시, 19.1km 거리다. 은진향교恩津鄕校는 논산을 대표하는 향교로 마을 언덕 위 주택들 사이에 고색을 풍기며 마을을 굽어보고 있다. 아직도 지방에는 많은 향교가 있다. 지방문화재 가치를 보존하고 지역사를 연구하는 향토 자료로서 보존 가치가 높다.

**은진향교**

　기분 좋은 봄길이자 꽃길을 걷고는 있지만 긴 거리의 걸음에는 어쩔 수 없는 육체적 통증이 어김없이 따라왔다. 걷는 일에 근육이 아직 적응이 안 된 탓이다. 트레킹 첫날 걷기 4시간 전후로 고관절의 저림과 허벅지 대퇴부 그리고 종아리의 긴장감이 느껴졌다. 이른바 트레킹 적응 현상이 일어나곤 하는데, 오늘은 유독 발목과 양 발바닥에 긴장과 통증이 심하게 느껴졌다. 중간 중간 배낭을 멘 채로 허리 굽히기, 발목 돌리기 등 스트레칭을 하지만 쉽게 풀리지 않았다. 이제까지 트레킹에서 없었던 몸의 현상이다. 무슨 이유일까? 몸이 트레킹을 거부하는 것일까? 아니면 몸의 노화 현상이 진행되고 있는 것일까? 지금으로는 그 이유를 알 수 없지만 전체적인 체력과 근력의 저하일 것이다.
　은진면을 벗어나면 다시 시골 마을길들이 이리저리 연결되고 와야리를 지나 논산시로 들어왔다. 새 도로 개발 공사가 한창이어서 삼남

옛길을 파헤치고 있는 현장에서 길을 찾기가 어려웠다. 다행히 공사장 인부의 길 안내로 논산시로 오게 되고 24코스 종점인 건양대학교 정문에 당도했다.

논산 시청으로 가는 대로변에는 소설 <인간시장>으로 잘 알려진 김홍신 문학관이 아담한 현대식 건물로 눈길을 사로잡았다. <인간시장>은 정치, 사회적으로 암울했던 1980년대의 시대적 울분을 장총찬이라는 주인공을 앞세워 독자들로 하여금 대리 만족을 시켜주는 히어로 역할을 했다. 그 덕에 소설로서 100만 부가 팔리는 최초의 밀리언셀러 소설이 되었다. 늦은 시간에 도착하여 문학관 내부를 보지 못한 아쉬움이 컸다.

건양대학교 정문

김홍신 문학관이 대로변에 있다.

### 오늘의 여정

익산 구간
23코스:   익산시 여산 버스터미널~여산 숲정이 성지~월곡마을

논산 구간
24코스:   논산시 연무읍 효죽마을~금곡서원~견훤왕릉~연무터미널~
          은진면 은진향교~논산시 건양대학교~논산시청~논산역

출발:     전라북도 익산시 여산 버스터미널 오전 10시 40분
도착:     충청남도 논산시 논산역 오후 5시 30분

걸은 시간:  6시간 50분
걸은 거리:  21.8km / 누계 361.9km

## 14 　　봄을 만끽하며
　　　　계룡산을 지나다

**트레킹 14일째:**
**4월 2일. 토요일. 맑음**

어제 숙박을 위해 논산시청 인근으로 갔지만 시청 인근에는 호텔이나 모텔이 없어 논산역 부근에서 숙박하였다 오늘 출발은 논산역에서 논산 시민공원으로 가는 길이 첫걸음이다. 논산 시민공원은 넓은 면적에 잘 조성된 산책로와 수목들이 조화를 이루고 트레킹 길이 공원 가장자리로 둘러져 있다.

　어제 오후 트레킹 중에 램블러앱이 다시 작동을 멈추어 길 안내가 불가능해졌고 삼남옛길로 온전한 트레일로 찾아갈 수는 없었다. 지도에 의지해 중간중간 목적지로 찾아가야만 했다. 어젯밤 숙소에서 다시 로그인하여 앱을 이용할 생각이었으나 근육통(쥐)으로 인해 한동안 고통에 시달리느라 로그인은커녕 잠도 제대로 자지 못하였다. 아침에 일어나 시급히 로그인하여 앱을 다운로드 받으려 하였으나 어찌된 영문인지 ID 입력과 e~mail 주소 입력 사이에 계속적인 거부가 번갈아 일어나 연결할 수 없었다.
　작년 가을 삼남길 1차 트레킹 때도 버그로 인한 앱이 다운되었으나 새로운 로그인으로 다운로드 받아 트레킹을 마쳤었다. 그러나 이번에는 로그인 자체가 되지 않는다. 어쩔 수 없이 오늘은 지도에 의존해 걷고, 저녁에 다시 시도해 보기로 한다.
　덩달아 마음이 무겁기만 하였다. 삼남길에 안내표시 리본 등 안내표시가 있지만 갈림길이나 작은 마을길에서는 정확히 찾기 어려우며

**논산 시민공원**

또한 훼손된 곳도 많기에 지도에 의존해 가는 트레킹에 여간 신경 쓰이는 일이 아니다. 트레일 표시가 확실한 논산 시민공원에서 출발하기로 했다. 시민공원에서 반야산般若山 등산로와 만나는 삼남길 트레일 표시가 보이는 지점에서 오늘 트레킹이 시작되었다. 무거운 마음에 무거운 발걸음이다. 어제 은진면으로 가는 길에 표지를 놓쳐 용산리에서 한동안 길을 헤맨 사실을 생각하고 조심스레 표지를 찾으며 나아갔다. 지산 1동을 지나 논산시와 부적면 경계 지점인 계백교階伯橋를 건너 아호마을을 지나 마구평리를 거쳐 부적면 행정복지센터까지 왔다.

부적면 행정복지센터 직원에게서 길을 안내 받고, 다시 마구평리를 지나 덕평리 마뜰을 지나면 광석면 초포교草浦橋에 이르고 이윽고 향월리에 도착했다. 마을과 들판 사이로 이어진 농촌 길이다. 흔히 이야기하는 도로, 즉 국도, 지방도, 시군도 표시가 없는 마을과 마을을 잇는 길

**부적면 행정복지센터**

이다. 향월리 마을은 옛 도성 한양을 오갈 때 반드시 거치는 마을이었다. 트레킹 시작 전 각 지자체로부터 송부받은 <관내 행정지도>에다 램블러앱에 나온 트레일을 만일을 대비하여 미리 그려서 왔기에 삼남옛길에 가까운 길로 트레킹할 수 있었다.

 초포교에 이르기까지는 삼남옛길을 지나기도 하고 지나치기도 하며 걸었다. 초포교는 초포석교草浦石橋로 불리었으며 지금은 풋개다리로 불린다. 이 초포교는 춘향전 사설에서도 등장하는 삼남대로의 주요 교통로로, 은진에서 연산을 거쳐 초포교를 건너면서 노성에 다다랐다.

 향월리마을을 둘러보고 돌아 나오면서 긴 노성천魯城川 둑길을 따라 노성면으로 향했다. 맑은 물과 갈대, 수양버드나무로 채워진 노성천 둑방에 앉아 봄기운을 입안에 가득 채우고 점심을 먹었다. 어젯밤 종아리, 발목의 심한 근육통으로 인해 부족한 잠에 지친 몸을 화사한 봄기

초포석교 돌

운이 생기를 불어넣어 주고 있다.
 악몽 같은 어젯밤의 고통이 다시 되새겨진다. 발목과 종아리 근육 경련이 저녁 잠자리에도 계속되어 지친 몸에도 쉽게 잠이 들 수 없었다. 발 부딪히기, 종아리 근육 마사지 등을 하면 할수록 경련(쥐)이 심해져 한동안은 어쩔 수 없는 통증에 비명까지 나올 지경이었다. 종아리에서 피를 빼면 어떨까 싶어 바늘이나 핀을 찾아보지만 모텔 방에 바늘이나 핀이 있을 리 없다. 두 발을 벽에 높이 대고 최대한 움직이지 않고 침대에 누웠다가 조용히 일어나 침대에 걸터앉아 심호흡으로 긴장감을 낮추며 해결 방법을 이리저리 생각해 보았으나 별 뾰족한 방법이 없었다. 좀 잠잠하였다가 다시 근육 긴장과 통증이 오가기를 반복했다.
 밤새 계속된다면? 하는 불안감에 휩싸였다. 다행히도 그 강도가 차츰 약해지기에 한숨을 놓으며 끝이 나기를 기다렸다. 매번 트레킹을 나서기 위해 체력 관리를 했었는데 어젯밤의 근육통은 그 이유를 모르겠다. 오늘밤에도 다시 일어난다면 이번 트레킹은 포기해야 한다.

긴장감을 풀고 잠시 주위를 둘러보니 이제 갓 피어나는 하천변 수양버들이 연두빛 새 옷을 입고 노성천을 사이에 두고 서로 마주 보고 있다. 새잎으로 감싼 늘어진 가녀린 가지(실버들)들이 자태를 마음껏 뽐내고 있는 수양버드나무를 보면서 '실버들' 노래를 불러본다. 눈과 마음이 일치하는 느낌이다.

실버들을 천만사 늘어놓고도
가는 봄을 잡지도 못한단 말인가.

이내 몸이 아무리 아쉽다기로
돌아서는 님이야 어이 잡으랴.

한갓되이 실버들 바람에 늙고
이 내 몸은 시름에 혼자 여위네

가을 바람에 풀벌레 슬피 울 때엔
외로운 맘에 그대도 잠 못 이루리.
— 김소월 '실버들'

건너 둑에 있는 수양버들도 마치 실버들처럼 가늘게 늘어져 내려 있었다. 쑥도 갓 솟아나 있고, 이름 모를 야생초들이 앞 다투어 봄단장에 바쁜 듯 둑방길을 가득 채워 봄의 정취를 돋우고 있다. 마음속으로 소리쳤다.

"나는 자연인이다."

**노성천의 봄 수양버드나무**

귓가를 때리는 살랑대는 봄바람, 새 옷을 입은 수양버들의 봄 자태, 봄의 매무새를 자랑하는 저수지 청둥오리들의 한가함이 어우러지고 있다. 상큼한 봄기운을 아낌없이 받아 가슴, 복부, 단전으로 내려보냈다. 이 봄은 말하고 있다.

"우리 주인 길꾼 K. 강신길, 좋은 때에 좋은 길을 나섰다."

사방이 고요하다. 장끼가 까투리 찾는 꾸엉꾸엉하는 사랑의 멜로디와 먼 마을의 개 짖는 소리가 아득히 들렸다. 비로소 내가 지금 봄의 한가운데 여기에 앉아있음을 일깨워 주는 것이다.

노성천을 잠시 벗어나 노성면 행정복지센터에 이르렀다. 25코스 종점이다. 11시 30분, 14.9km 지점이다. 행정복지센터 가까이에 있는 우리 고유 전통의 건축미를 느낄 수 있는 명재고택明齋古宅과 공자 영정을 모신 궐리사闕里祠를 지났다. 명재고택은 조선 숙종 때 학자 윤증

**계룡산**

(1629~1714)의 가옥으로 그의 호 명재를 따서 붙인 이름이다. 궐리사는 절이 아닌, 공자가 태어나고 자란 마을 궐리촌에서 유래한 이름으로 공자의 영안을 봉안하고 있는 곳이다. 노성 궐리사는 오산 궐리사와 함께 우리나라 2대 궐리사에 속한다.

다시 노성천을 따라 트레일은 길게 이어진다. 오랜만에 만나는 691번 지방도를 지나면 상월면으로 가는 왼쪽길이 있고 노성천 끝자락에서 지경리를 벗어나 공주시 계룡면으로 들어가게 된다. 오늘 트레킹은 노성천 둑길을 길게 걷는 길이다. 계룡면에 들어오면 저 멀리 우뚝하게 위엄을 자랑하는 계룡산이 시야에 먼저 들어온다. 동학사東鶴寺와 갑사甲寺를 품고 있는 845m의 계룡산은 주봉인 천황봉天凰峰을 비롯해 20여 봉으로 이루어져 있다. 전체 능선 모양이 마치 닭볏 쓴 용의 형상을 닮았다 하여 계룡산鷄龍山으로 불린다.

삼남길 표시 안내를 따라 걷다가 어느 쯤에서인지 표시 안내가 사라졌다. 무심코 길게 걸은 길이 논산시 상월면 지경리에서 공주시 계룡면 경천리에 있는 경천중학교 가는 사이에서 한동안 없어진 삼남옛길 안내 표시를 찾는 술래잡기가 펼쳐졌다. 지나가는 사람도 차량도 없는 길에서 한동안 기다리며 이리저리 서성이다가 697번 지방도를 따라 경천중학교에 도착하였다. 26코스 종점이다. 오후 2시 30분, 26.2km 지점이다.

경천중학교를 뒤로 하고 697번 지방도를 벗어나 금대리를 거쳐 가는 길이 춘향전 옛길이다. 다시 나타난 삼남길 안내 표시와 함께 걸었다. 금대2리를 거쳐 동미마을을 지나면 오른쪽에 계룡저수지가 있고 23번 국도를 가로질러 계룡면에 도착했다. 숙박하기에는 이른 시간이지만 다음 숙박이 가능한 모텔이 있는 곳은 공주시이다. 여기서 거리를 따져도 도저히 오늘은 도달할 수 없는 곳이기에 계룡면 행정복지센터 소재지에서 숙박하기로 결정하고 모텔을 찾았으나 없었다. 면소재지임에도 잠잘 곳이 없는 것이었다.

그렇다면 갈 수 있는 곳까지 가서 택시를 불러야 한다. 봉명리 계룡논공단지를 지나 기산리 원동마을에 당도했다. 오후 4시 50분, 33.3km 지점이다. 아직 해는 서산에 멀리 남아 있다. 그러나 몸은 상당히 지쳤다. 23번 국도를 가운데 두고 지하통로를 통해 이쪽저쪽 교차하여 지나고, 기산2리, 1리를 거쳐 27코스 종점 임립林立미술관Limlip Artmuseum에 도착했다. 여기서 택시를 부르기엔 아직 이른 감이 들어, 그래 좀 더 걸어가자, 공주시와 너무 먼 거리다. 무거운 발걸음을 옮겨 화은리 항포마을을 지나고 가마울마을을 지나 23번 국도변 현대오일뱅크 주유소에서 택시를 불렀다.

## 오늘의 여정

논산 구간

25코스:　　논산시 논산시민공원~초포교~노성면 행정복지센터


논산~공주 구간

26코스:　　노성면 행정복지센터~명재고택~궐리사~경천중학교


공주 구간

27코스:　　노성면 경천중학교~춘향옛길~계룡면 행정복지센터~계룡면 임립미술관

28코스:　　임립미술관~계룡면 화은2리 현대오일뱅크


출발:　　　논산시 논산시민공원 오전 7시 15분

도착:　　　공주시 계룡면 화은2리 현대오일뱅크 오후 6시


걸은 시간:　10시간 45분

걸은 거리:　38.1km / 누계 400km

# 15 　　금강을 건너
　　　　　옛 백제의 도읍지로

**트레킹 15일째:**
**4월 3일. 일요일. 맑음**

공주시에서 숙박하고 어제 트레킹 마침 지점인 화은2리 23번 국도변 현대오일뱅크 주유소로 택시를 타고 왔다. 어젯밤에 우려했던 극심한 근육통(쥐)이 없어 편한 잠을 자고 아내의 이메일과 비번으로 램블러 앱을 다시 다운로드 받았다. 아침까지 든든하게 배를 채운 후 나선 아침 길은 가벼운 발걸음이다.

**아침 식사 메뉴.**
**전날 저녁에 편의점에서**
**아침과 점심을 준비했다.**
**여기에 모텔 커피까지 더했다.**

23번 국도를 가운데 두고 마을 통로 길을 따라 국도 밑으로 좌우를 지나, 왔다 갔다 하며 공주시로 향했다. 소학동에서 23번 국도를 오른쪽으로 떨치고 왼쪽길로 참새골, 높은행길, 납다리, 보통골 마을길을 따라 28코스 종점인 공주대교에 이르렀다. 금강錦江을 건너는 것이다.

금강은 전북 장수군 장수읍에서 발원하여 충청남북도를 거쳐 강경에서부터 충청남도와 전라북도의 도경계를 이루며 군산만으로 흘러든다. 옥천 동쪽에서 보청천報靑川, 조치원 남부에서 미호강美湖江 등 크고 작은 20여 개의 지류를 품어온다. 상류부에서는 이리저리 휘어진 골짜기 안을 따라 흘러 내려오면서 무주에서 무주구천동, 영동에서는 양산팔경 등 계곡미를 이룬다. 하류의 부여에서는 백마강白馬江이라는 별칭으로 불리면서 부소산扶蘇山을 침식하여 백제 멸망사에 일화를 남긴 낙화암落花巖을 만들었던 강이다.

금강을 건너는 다리는 백제 큰다리, 금강교, 공주대교, 신공주대교 4개다. 공주대교를 건너면 공주시다. 공주는 삼국 시대에는 웅진熊津으로 불렸으며 475년부터 538년까지 백제의 수도였다. 538년 백제 성왕聖王은 수도를 사비泗沘(현재의 부여)로 옮겼다.

어젯밤에 숙박했던 종합버스터미널 부근을 지나서 이어진 정안천正安川을 따라 우회전하여 수촌들을 거치고 정안면까지 길게 드리운 정안천변을 걸었다. 넓지 않은 정안천이 공주시 북부를 관통하여 길게 드리워져 있다. 맑고 깨끗한 물과 이제 막 돋아나온 야생초들이 연두빛으로 둑길을 수놓고, 휘어지기에는 철 이른 천변 수양버들 가지도 연두옷으로 차려 입기 시작했다. 잘 다듬어진 산책길이 움트기 시작한 나뭇잎과 길가의 푸른 풀들과 개울의 맑은 물과 어우러져 고요하고 아늑한 모습으로 봄을 맞이하고 있다.

**정암천변 산책길. 상쾌한 길이다.**

　공주시를 벗어나면 의당면으로 접어들고 수촌리의 넓은 들판인 수촌들이 펼쳐졌다. 수촌마을은 정안천, 동혈천銅穴川, 청룡천靑龍川이 합류하는 들에 위치하여 수촌水村이라 한다. 길게 늘어진 정안천 둑길을 지난다. 오른쪽은 수촌들이고 왼쪽은 경비행기 이착륙장이다. 끊임없이 이륙하고 착륙하는 모습을 물끄러미 바라보며 지나간다.
　다가올 농사철을 차근차근 준비하듯 넓디넓은 들녘은 이미 논고랑 가랫질로 가득했다. 농부는 보이지 않는데 농사일은 때를 놓치지 않고 진행되고 있는 것이다. 울퉁불퉁한 근육질의 논고랑을 보니 마음에는 부자인 양 푸근한 감정이 피어올랐다. 어릴 때 아버지를 따라 논에 다녔던 시절이 아련하게 떠올랐다. 늘 조용하시며 나지막하게 말씀하시던 모습과 음성이 떠올라 아버지가 보고 싶어졌다.
　"아버지의 사랑은 불에 타지도 물에 떠내려가지도 않는다."
　러시아 속담이다. 단단하고도 무거운 사랑이 아버지의 사랑이다.

**수촌들. 봄맞이 준비가 한창이다.**

지금 할아버지가 되어 있는 내가 아버지를 그리워하게 되니, 농촌의 들녘은 어릴 적 추억의 감성을 일깨워 주는 마약 같기도 하였다.

　잠시 그리워지던 아버지에 대한 상념이 갑자기 착륙하는 비행기 소리에 끊어지고 왼쪽 비행기 착륙을 바라본다. 짧은 거리에서 이륙과 착륙이 다소 불안해 보이지만 아랑곳없이 이착륙은 계속되었다. 경비행기 조종사 훈련 비행인 것 같으면 저 멀리 돌아 긴 시간이 걸릴 것이지만 짧은 비행으로 이착륙이 잦았다. 비행 탑승객에게 공주 상공에서 풍광을 즐기게 하는 경비행기 체험 장소였다. 젊은 커플들이 비행기 계류장 부근에서 사진을 찍느라 분주하다. 즐겁고 흥이 나는 모습이었다.
　장난감처럼 생긴 저 조그마한 비행기로 직접 조종을 하며 하늘을 날아다닌다면 그 기분은 황홀하지 않을까? 내 나이 좀 더 이른 때에 이런 장면을 보고, 이런 느낌이 왔었다면 어떻게 했었을까? 경비행기 조

**정안천변의 경비행기 착륙장**

종사? 상상의 나래가 하늘을 날고 있다. 트레킹에는 가끔 엉뚱하고 즐거운 상상으로 길고 힘든 시간을 줄여야 한다.

 잠시 엉뚱한 상상 속에 빠졌다가 다시 길을 재촉했다. 비행장 옆에는 드론 띄우기가 한창이다. 제법 크기도 하고 다소 작기도 한 드론들이 하늘을 날아오르다 내리고 곡예비행도 스스럼없이 하며 날아다닌다. 배낭을 멘 채 또 멍하니 바라보고 있다. 어릴 때 놀이였던 연날리기가 떠올랐다. 대나무를 갈라 다듬고 딱종이를 오려 만든 꼬리연과 꼬리연보다 더 정교하게 만들어진 방패연으로 멀리 날리기, 높이 날리기, 끊어 먹기 등등 50~60년 전 연날리기와 지금의 드론 날리기 놀이에는 어떤 차이가 있을까?
 얼레(자사)로 연실을 감고 풀면서 하늘 높이 올리고 내리며 노는 연날리기와 무선 조종기로 드론을 띄우고 날리며 노는 드론 놀이는 비

숫하다고 해도 틀린 말이 아니지 않을까. 연이 먼저 발명되고 드론이 그 뒤를 이은 선·후의 차이일 뿐 푸른 하늘을 상대로 노는 놀이의 재미는 같지 않을까?

　잠시 어린 시절의 고운 추억을 안겨주었던 정안천변과 수촌들을 지나면 정안천 둑길은 23번 국도를 보며 나란히 가게 되고 오룡리를 지나면서 국도와 멀어지고 정안면 북계리로 접어들었다. 한적한 길이다. 바람도 소리도 없는 길이다. 산 너머에서 밤새도록 만든 맑고 상큼한 공기에 산소향이 느껴지는 듯 상쾌했다. 먼 부락에서 들려오는 닭 우는 소리가 또한 정겹다. 봄은 낭만이고 사랑이고 환희다. 꿈과 그리움, 희망이 함축되어 기쁨으로 분출되는 이 봄을 누가 사랑하지 않으리.

　발걸음이 가벼워지고 빨라졌다. 어느덧 북계1리로 접어들고, 효도마을로 잘 알려진 곳으로 20여 가구의 조용한 시골 마을이다. 효도마을 길을 따라 걸으면 마을의 상징이 된 수령 310년의 시始나무인 느티나무 고목을 만나게 된다. 세월의 유구함을 느끼지 않을 수 없었다.

**북계1리에 있는
수령 310년의 느티나무**

북계1리를 지나 정안천을 건너면서 석송초교를 지났다. 12시 40분, 15km 지점이다. 마을길은 계속되고 아랫말에서 다시 정안천을 건너 보물리를 지난다. 3시, 22.4km 지점이다. 보물리를 경유지로 이제 한결 좁아진 정안천변 마을길을 따라 정안면에 있는 29코스 종점인 광정교廣亭橋로 향했다. 면소재지로 접근하게 되면서 가슴을 뛰게 하는 일이 일어난다. 오늘 숙박 예정인 정안면에 모텔이 있을까? 하는 의문 때문이다. 정안면에 접근해 가는 길목 저 멀리 모텔이 보였다. 가슴이 환해 오는 기분이 들면서 무겁던 머리가 가벼워진다.

'제발 영업을 하고 있어라!'

시골 모텔은 폐업도 많다. 가까이 다가갈수록 모텔 인근에는 넓은 낚시터가 있고, 낚싯대를 드리운 사람들의 목소리가 들렸다. 반가운 사람 소리다. 숙소를 예약하니, 아침식사는 할 수 없고 저녁식사는 낚시터 안에 있는 식당을 이용하면 된다고 알려주었다. 안성맞춤이다. 그러나 내일 아침과 점심 먹거리를 준비할 겸 혹시나 하며 행정복지센터로 갔다. 편의점은 인근에 없고 광정교 인근에 있다. 낚시터 식당에서 먹은 메뉴는 반계탕이다. 트레킹에서 끼니 맞춰 잘 먹는 날이 최고의 날이다. 이런 날을 운이 좋은 날이라고 스스로 위로하며 오늘을 칭찬했다.

**너무 맛있게 먹은 반계탕**

**오늘의 여정**

공주 구간

28코스:    공주시 계룡면 화은2리~장기대나루터~공주대교

29코스:    공주대교~천안천변길~의당면 수촌들~정안면 북계리~보물리~
          정안면 행정복지센터


출발:      공주시 계룡면 화은2리 오전 7시 50분
도착:      공주시 정안면 행정복지센터 오후 4시 20분


걸은 시간: 8시간 30분
걸은 거리: 26.1km / 누계 426.1km

# 16     차령고개를 넘고
                풍세천변을 따라 걷는 길

**트레킹 16일째:
4월 4일. 월요일. 맑음**

어제 준비 못한 아침과 점심 먹거리를 광정교 부근 편의점에서 준비한 후 정암면 광정교를 지났다. 25번 고속도로를 왼쪽으로 보고 23번 국도를 드나들며 정안농공단지를 보며 사현천沙峴川 갓길을 따라 인풍리를 지났다. 프린세스 골프장으로 가는 길 반대 방향으로 차령고갯길로 접어든다.

    화창한 봄 날씨가 고갯길 주변에 피어나는 진달래, 산수유, 벚꽃의 만개를 재촉하고 있다. 좌우로 함께 오던 25번 고속도로와 23번 국도는 차령車嶺 터널로 들어가고, 차령터널 위 무학산無鶴山 산길을 호젓이 걷는다. 소리가 없으니 무심하고, 길가에 피어나는 꽃들이 지나가는 트레커를 반기는 듯 활짝 피어 있다.

**차령고갯길에도 봄이 다가오다.**

차령고갯길에 앉아 다가오는 봄을 맞이한다. 한없이 열리는 마음에 따사하고 포근한 공기가 폐부를 찌르며 깊게 들어온다. 주위를 둘러봐도 서로 대화를 나눌 대상이 없다. 다만 고요함이 흐르고 있을 뿐이다.

강마을에 햇볕 쏟아져 꽃 핀 언덕 포근하고
산골 장터에 산들바람 불어 주막집 깃발이 나부끼네.
아름다운 철에 어울리는 멋진 일을 하지 않으면
뜬 인생에 그 언제나 이맛살을 펼 수 있으랴.
— 이용휴(1708~1782) '심춘'(尋春) 부분

공주시 정안면과 천안시 광덕면 사이 경계가 되는 차령고개는 북쪽으로 흐르는 물은 곡교천曲橋川에 합류되어 아산만으로 들어가고, 남쪽으로 흐르는 물은 지금까지 걸어온 정안천이 되어 금강에 합류된다. 이 차령고개는 고려 시대는 차현車峴이라 하였으며 옛날 한양 도성을 드나드는 삼남대로의 큰 고개 중 하나로 차령 또는 원터고개라고도 한다.

**차령고개 표지석**

차령고개를 넘으면 밤나무골마을이 나오고 밤나무골마을을 지나 무학산 임도길의 원덕리 임도 시작점을 따라 무학리 쌍령고개를 넘어 무학동 쌍령부락으로 내려갔다. 천안추모공원을 오른쪽으로 보면서 간다. 광덕면 행정복지센터를 지나고 풍세천豐歲川을 따라 걸으며 30코스 종점인 풍세교에 도착했다. 11시 50분, 17.8km 지점이다.

　　풍세교를 지나면 가송로를 따라 가송리 상마1길~상마 2길을 지나 하마길을 지나게 된다. 호남 유생들이 한양 과시장으로 갈 때 꼭 건너야 했다는 곡교천曲橋川을 건너 두남리를 지나고 아산청주고속도로를 지나 청당산업길에서 연결되는 천안대로를 따라 스포츠의류 할인 매장들이 있는 삼룡동에 이르렀다. 오후 4시, 30.8km 거리다.

　　1번 고속도로 경부고속도로 하행선에 있는 천안삼거리 휴게소가 오늘 도착 목적지이지만 트레킹 중에 몸의 아픈 부위가 가라앉지 않고 오늘은 유난히 컨디션이 좋지 않기에 일찍 집으로 가서 된장찌개로 저녁과 내일 아침밥을 먹고 나면 한결 좋아질 듯한 생각이 스쳤다. 천안아산역에서 SRT로 집으로 가기로 마음먹었다. 천안아산역에서 오후 5시 33분 열차로 출발해 수서역에 6시 9분 도착하였다. 숙박, 저녁식사 및 빨래가 한꺼번에 해결되는 집이 너무나 좋다. 여행이 주는 참다운 교훈은 '집이 좋다는 것을 깨닫게 하기 때문'이라고 하지 않던가!

　　하루 트레킹을 마치면 저녁은 나름대로 낮과 또 다르게 힘들고 피곤했다. 샤워를 하면서 빨래를 해야 하고 저녁을 먹으러 이리저리 1인 식사가 가능한 식당을 찾아야 했다. 그날의 트레킹 일기도 기록하고 나면 잠자기도 바쁠 때가 많았다. 그런데 40분만 기차를 타면 이 모든 것이 해결되는 것이 오늘 트레킹이다. 아내에게 미리 연락하여 둔 덕분으로 입맛에 맞는 반찬을 마음껏 먹을 수 있었다.

**오늘의 여정**

공주~천안 구간

30코스:　　공주시 정안면 행정복지센터~광정교~차령고개~천안시 광덕면 쌍령고개~무학마을~광덕면~풍세면 풍세교

천안 구간

31코스:　　천안시 풍세면 풍세교~가송리~곡교천~삼룡동 스포츠 의류 할인매장단지

출발:　　공주시 정안면 행정복지센터 오전 7시 40분
도착:　　천안시 삼룡동 스포츠의류 할인매장단지 오후 4시

걸은 시간:　8시간 20분
걸은 거리:　30.8km / 누계 456.9km

## 17 　　천안에서 출발해
　　　　 평택 소사동까지

**트레킹 17일째:
4월 5일. 화요일. 맑음**

어제 집에서 자고 먹고 쉬고 밀린 빨래까지 정리한 다음 수서역에서 아침 8시 5분 열차로 천안아산역에 8시 43분에 도착하였다. 어제 도착지인 삼룡동 스포츠 의류 할인매장단지에서 다시 출발했다.

　천안삼거리공원으로 가는 길은 공원 공사로 인하여 공원은 물론 경부고속도로 천안삼거리 휴게소로 가는 길도 이리저리 파헤쳐져 곧장 연결되지 않았다. 어쩔 수 없이 천안삼거리공원과 천안삼거리 휴게소 경유를 포기하고 천안대로 길을 따라 걷기 시작했다.

　천안삼거리는 옛날부터 충청과 호남, 영남이 만나는 삼남 요충지였다. 경기민요 '흥타령'은 "천안삼거리 흥~"으로 시작한다. 그래서 천안은 '천안삼거리'라는 민요 제목으로 더 알려진 지명이다. 원성동에서 입구에 이르러 번잡한 대로를 벗어나 태조산太祖山 길로 접어들며 한적한 마을길을 걸었다. 천안향교를 지나면 한적하고 고급스런 주택들이 모여 있는 작은 주택촌을 끼고 돌며 청송산靑松山 길로 올라간다. 마을 뒷동산 길이다. 이 길을 돌아 내려오면서 두정역斗井驛으로 향했다.

　두정역을 지나고 시내를 벗어나면 한국과학대학교 두정캠퍼스를 지나게 되고 배나무 밭이 길옆을 따르는 과수원 길이 한가한 농촌 풍경을 드러낸다.

청송산을 넘다.
코리아트레일 표시가 보인다.

배나무 밭들이 과수원 길을 만든다.

업성業成 저수지 업성수변로를 따라 업성동에 이르렀다. 업성3길을 따라 직산역稷山驛으로 향했다. 33코스 종점이다. 오후 2시 15분, 14.5km 지점이다. 직산역을 지나면 다시 한적한 마을길로 이어지고 성환천成歡川 개울길로 길게 걸으면 성환역으로 가게 된다. 배 한 입 베어 물면 아삭한 뱃물이 콧잔등을 때리는 달고 싱그러운 성환배로 유명한 성환成歡이다. 천안 지역 최대 축제인 성환배축제는 100년 전통을 자랑하며 매년 11월에 열린다.

　　성환천 둑길은 다시 조용한 걸음걸이가 된다. 논과 밭이 둑길을 둘러싸고 훈훈한 땅 내음과 달콤한 봄 향기에 몸이 다시 가벼워지고 발걸음이 빨라진다. 허리는 저절로 굽어지고 팔과 다리는 없는 듯하여 허리만 움직인다. 굽어진 허리에 눈은 교대로 기계처럼 움직이는 발등만 보게 되는 걸음걸이가 무상무념의 상태로 들어간다. 걷기에 익숙하기 시작되는 몸놀림이다. 대체로 트레킹 시작 5,6,7일째와 12,13일째 즈음에 오후 2~3시 시간대에 아주 가끔씩 오는 현상이었다.

　　트레킹에 익숙해진 몸이 통증을 줄이고 트레일을 따라 발길이 스스로 움직이는 느낌이 오기 시작할 때가 되면 모든 상념이 저절로 스르르 없어진다. 걷는 것 외에는 다른 생각이 없다. 멍한 상태에서 소리도 없고 생각도 없이 저절로 걸어진다. 소금쟁이가 물 위로 날듯 가볍게 걷는 것처럼, 길 위를 가볍게 걸어지기 시작하면 트레킹의 백미, 걷는 맛이 온다. 걷는 즐거움이 몸을 감싸는 것이다. 어쩌면 나는 이 즐거움을 만나기 위해 힘들고 고된 트레킹 여정을 나서는지 모른다. Runner's high다. 마라토너들이 달리다가 느끼는 최고의 황홀한 기분이다. 대부분의 장기간 트레커들도 이와 같은 기분을 느끼게 되는 때가 온다. 바로 오늘 이 시간이었다.

　　한적한 시골 마을길을 벗어나 다시 천안 시내로 접어들었다. 대로

**천안 1경인 천안 삼거리 봄 풍경**

변에 천안을 상징하는 천안 12경의 사진이 발걸음을 멈추게 하였다. 여러 번 들었기에 바로 알 수 있는 명소들이다. 1경 천안삼거리로 시작하여 2경 독립기념관, 3경 유관순 열사 사적지, 4경 아라리오 광장, 5경 병천 순대거리, 6경 태조산 각원사, 7경 광덕산 설경, 8경 천안종합휴양지, 9경 왕지봉 배꽃, 10경 입장 거봉포도 마을, 11경 흥타령축제, 12경 천호지 야경의 사진이 죽 길게 늘어서 안내되고 있다.

　매주리를 지나 성환읍 성환역에 이르렀다. 3시 40분, 20km 지점이다. 성환리를 지나 복모리로 간다. 천안시 북쪽 가장자리 마을인 복모리를 거쳐 안궁리의 안궁4길을 지나 신가리의 문화촌2길을 지나면 경기도와 충청도를 이어주는 안성천安城川이 갈대밭으로 뒤덮인 채 흐르고 있다.

**안성천변 소사들**

안성천교를 건너 평택시 유천동으로 접어들었다. 안성천교는 33코스 종점이다. 오후 4시, 29km 지점이다. 안성천교가 있는 1번 국도 경기대로를 벗어나 안성천 둑길로 넓은 소사벌을 지나 소사동素沙洞으로 진입했다. 대동법시행기념비가 있는 곳에서 오늘 트레킹을 마쳤다. 오후 6시 40분, 31.5km 지점이다.

대동법은 각 지방 특산물을 공물로 징수하면서 나타난 방납防納의 폐단을 개혁하고자 특산물을 미곡으로 환산하여 바치게 한 헌납제도로 당시 백성들의 큰 호응을 받았다. 효종 10년(1659) 백성들이 이 제도를 주창하여 실행한 김육金堉의 업적을 기리기 위해 삼남대로의 요충지인 이곳 소사동에 기념비를 세운 것이다.

**오늘의 여정**

31코스:   천안시 삼룡동~천안향교~두정역~업성저수지~천안천~직산역
32코스:   직산역~성환천~성환역~복모리~소사들~안성천교

천안~평택 구간
33코스:   안성천교~소사들~평택시 소사동 대동법시행기념비

출발:   천안시 삼룡동 오전 10시
도착:   평택시 소사동 대동법시행기념비 오후 6시 50분

걸은 시간:   8시간 50분
걸은 거리:   31.9km / 누계 488.8km

# 5

## 삼남길

평택시 소사동 대동법시행기념비

서울 광화문

## 18   남사당이 남아있는
##      아이러니한 이유

**트레킹 18일째:
4월 6일. 수요일. 맑음**

평택 시청 인근에서 숙박하고 택시로 어제 도착 지점이었던 대동법 시행기념비에서 길을 나섰다. 아파트와 상가가 밀집해 있는 시내를 지나면 푸른 녹지와 벚꽃들이 화사하게 피어 있고 반대쪽에는 고층 아파트가 병풍처럼 둘러 있는 저수지가 나온다. 그곳에 자리잡은 배다리 생태공원을 만나게 된다. 이제 봄은 농촌 들녘에서만이 아니라 시내 곳곳에도 찾아왔다. 만개한 개나리가 아침 길을 노랗게 물들이고 있었다.

**아침 길을 따라온 개나리**

배다리 생태공원을 벗어나면 소사벌 지구로 들어가고 죽백동을 지나 비전동, 청룡동 청룡마을에 이르자 옛 가옥들이 한창 부서지고 있었다. 도심 재개발 사업으로 어수선한 분위기에 좁은 길로 오가는 차들 사이로 트레일은 이어진다. 수촌지구 수촌마을도 재개발 공사가 한창이다.

칠원동 신촌마을을 지나 평택 종합유통단지를 만나고 삼남로라 불리는 317번 지방도와 34번 시도가 만나는 지점에는 평택 브레인시티 산업단지 조성 공사로 삼남길이 두절되었다. 흙먼지 날리며 부지런히 오가는 대형 트럭길 사이로 간신히 만들어 놓은 보행자 길이 초라하기 그지없다. 삼남길은 없어진 지 오래된 것 같았다. 이제 길 방향을 따라 걸을 뿐이다. 그나마 당황스럽던 마음을 안심케 해준 것이 '경기 옛길 삼남길' 안내 표시였다. 경기도가 삼남길을 제대로 관리하고 있구나 안도감이 왔다.

트레커를 제외한 일반인들은 이 공사장 길을 지나갈 일이 없다. 트레커들을 위한 배려라는 생각에 닫혔던 마음이 열리고, 멀리 돌아가는 불편함에도 부담 없이 걷게 된다. 배려하고 대우받는 느낌이 생기면 다소의 불편함은 감수되는 법이다.

'공사가 끝난 후에도 이 삼남길만은 꼭 지켜다오.'

이윽고 34코스 종점인 도일동에 도착했다.

먼지 날리는 공사장 길을 벗어나 34번 시도와 잠시 만나고 그 길을 벗어나 도일동 하리마을로 접어들어 마을길로 진행하면 내리內里 저수지가 나왔다. 그 위편 동산에 원균元均 장군 묘가 잘 다듬어진 모습으로 눈앞에 나타났다. 풍수를 잘 모르는 내가 보아도 좋은 장소임을 느낄 수 있었다. 따스한 햇살이 장군 묘역에 포근하게 넓게 펼쳐지고 있다.

원균 장군 묘역으로 가는 길의
공사장 길 안내판

원균 장군 묘역

제1장 삼남길

**부락산 둘레길에도 진달래와 벚꽃이 만개하다.**

　평택 도일동 출생인 원균 장군은 이순신 장군과 임진왜란에서의 공과에 대해 대척점에 서 있는 장군으로 우리에게 알려져 있다. 일반적으로 이순신 장군을 모함한 장군으로 잘 알려져 있지만 임진왜란 시기에 전공도 많이 세운 장군으로 칠천량漆川梁 해전에서 전사하였다. 임진왜란 후 1604년(선조 37) 이순신, 권율과 함께 선무 1등 공신에 책록되고 원릉군元陵君에 봉해졌다. 장군 묘역 입구에 있는 경기옛길 안내판에는 '역사적 재평가가 필요한 원균 장군'이라 새겨져 저간에 있어온 원균 장군의 역사적 평가의 재조명을 바라고 있다.

　원균 장군 묘역을 지나 317번 지방도를 건너 장안동을 거치면 부락산負樂山과 덕암산德巖山으로 나누어지는 고개가 대백치大白峙(큰 흰치 고개)이다. 조선 시대 삼남대로 평택 구간의 가장 큰 험로였다. 옛날에는 이 대백치를 넘기 위해 백현원白峴院에서 사람이 모이기를 기다렸다가 함께 넘었다. 149m 높이의 부락산 둘레길은 숲속 산길로 잘 조성되어 인근 주민들의 사랑을 받는 트레일이 되어있다. 12시 45분, 15.2km 지점이다.

 부락산 둘레길을 벗어나 317번 지방도 삼남길을 따라 길게 걸어오자 오른쪽에 KDB 유토플렉스 산업단지 공사가 한창이다. 평택은 삼국 통일 후 평평한 땅에 연못이 많다 하여 지어진 이름이다. 서거정徐居正은 기문에서 "삼도의 요충지로 사신과 빈객이 왕래하는 말굽 소리와 수레 소리가 엇갈린다"고 했듯이 예나 지금이나 교통 요충지였다.

 논산, 공주, 천안을 지날 때만 해도 모두 조용하던 도시가 평택에 들어오자마자 이곳저곳에 크고 작은 산업단지 공사로 몸살을 앓을 만큼 역동적인 산업도시의 면모가 역력히 보였다. 하기야 세계 최대 반도체 공장도 평택에 있으니까!

 진위면 마산리 마산 사거리를 지나 진위천振威川 봉남교鳳南橋를 건너 진위면으로 들어갔다. 진위면 은산리 산대마을은 봉화 정鄭씨 동족 마을이다. 봉화 정씨는 조선 개국공신이며 조선 왕조 설계자로 칭송받는 삼봉 정도전鄭道傳의 후손들이 살고 있는 곳이다. 정도전은 세습적인 전제 군주 밑에서 모든 왕들이 민심에 따라 정치를 하는 것은 불가능하였다고 여겼고, 이에 대한 대안으로 재상 정치를 제시하였으나 실패하고 죽임을 당하였다.

 진위향교振威鄕校와 진위면 행정복지센터가 있는 봉남리는 쇠퇴해 가는 남사당男寺黨을 일으킨 유세기柳世基(1893~1983)의 고향이기도 하다. 유세기는 조선 후기 5대 놀이패인 진위패를 육성한 집안 출신으로 농악과 시조 등에 조예가 깊었고 그의 부친은 솥전을 경영하면서 전국에서 농악에 소질 있는 사람들을 불러 모아 농악을 연마시킨 후 고종 4년 경복궁 중건 건축 위안 공연에서 농악을 벌였다. 대원군으로부터 '진위군 대도방권농지기'라는 농기大都房旗와 3색의 어깨띠를 하사받았다.

진위 농악은 전국에서도 가장 유명한 농악 중 하나였는데 유세기는 일제 강점기에 경찰서 경부警部로 일했다. 아이러니하게도 그 덕분에 이 지역 남사당패가 전국에서 유일하게 허가를 받으면서 남사당패가 유지되었고, 평택과 안성이 남사당패의 중심지가 되었다. 2001년에 안성 남사당바우덕이 축제가 시작되어 전국에서도 유명한 축제로 발전되었다.

남사당바우덕이 축제는 남자들만이 있는 패거리에서 여성으로서 남사당패를 이끄는 '꼭두쇠'(리더) 자리에 오른 바우덕이를 기념하여 만든 축제이다. 본명이 김암덕金岩德으로 '바위' 암岩에 '덕이'를 붙여 바우덕이로 불리었다. 얼굴도 뛰어난데다 경복궁 중건 위안 공연에서 소고와 선소리에 뛰어난 기량을 발휘하여 대원군과 고종으로부터 정3품에 해당하는 옥관자를 하사받았다. 안성 출생으로 15살 때부터 안성 남사당패를 이끌고 전국 곳곳에 공연을 다녔으며, 안성을 남사당 본거지로 만드는데 크게 기여하였다. 안타깝게도 22살에 폐결핵으로 사망했다. 유세기가 일제 치하에 경찰서에서 일하지 않았고, 바우덕이가 없었더라면 지금의 안성 남사당바우덕이 축제는 없었을 것이다.

진위향교 대성전 입구를 지나고 진위면 행정복지센터를 거쳐 구가곡 1리길로 갔다. 진위향교는 풍수의 기본인 배산임수 지형을 따른 전국 향교 중에서 가장 풍수가 좋은 위치에 있는 향교로 알려져 있다. 향교는 국가에서 각 지방에 세운 교육기관으로 고려 때 처음 등장하였고, 조선 시대에는 1읍 1교의 원칙으로 설립되어 운영되었다. 주된 임무는 선현에 대한 제향과 학문을 습득하며 중앙 통치에 순응하는 관리를 양성하는 공공 교육기관이다.

선현을 모시는 제향 공간인 대성전大成殿과 대성전 앞마당 좌우에 동무東廡, 서무西廡라는 작은 사당에는 공자 외에 중국 선현의 위패를 모셨고, 학생들이 공부하는 명륜당明倫堂으로 구성되어 있다. 16살 이상 양인 신분 이상이 입학할 수 있었다. 이에 비해 서원은 조선 중기 이후 학문 연구와 선현 제향을 위해 사림들이 설립한 사립 교육기관이다. 성균관은 고려 충선왕 때 개명된 이름으로 고려 말과 조선 시대에 관리 양성을 위한 국립대학 격의 최고 교육기관이었다.

진위 중고교를 지나면 1번 국도를 건너는 사리 고가교를 만나게 된다. 35코스 종점이다. 오후 4시이고 24.8km 지점이다. 사리 고가교를 건너 넓은 들판이 길게 펼쳐진 야막리 야막마을을 지나면 오산시로 들어오고 맑음터공원이 바로 눈에 들어왔다. 시민들이 군데군데 모여 앉아 오후를 즐기는 한가하고 잘 정돈된 시민공원이다.

**진위향교 대성전 입구 홍살문**

### 오늘의 여정

평택 구간

34코스:　평택시 소사동 대동법시행기념비~배다리생태공원~도일동

35코스:　도일동~원균장군묘~대백치~부락산 둘레길~진위향교~사리 고가교

평택~오산 구간

36코스:　사리 고가교~야막리~오산시 맑음터공원

출발:　평택시 소사동 대동법시행기념비 오전 8시 20분

도착:　오산시 맑음터공원 오후 5시

걸은 시간: 8시간 40분

걸은 거리: 28.8km / 누계 517.6km

# 19     임진왜란, 사도세자의 능, 조지훈의 '승무'를 하루에 느끼다

**트레킹 19일째:
4월 7일. 목요일. 맑음**

맑은터공원에서 시내 길을 따라 걸었다. 익산시 여산면에서 출발한 트레킹 시작에서부터 함께 북상하는 봄기운과 함께 온 개나리, 진달래, 목련, 벚꽃이 오늘 이곳 오산시에서 절정을 맞고 있다. 내일이면 나를 따라 북상하고 또 만개하겠지. 꽃과 더불어 걷는 트레킹이 계속되고 있는 것이다.

벚꽃과 모란이 하늘을 덮는 꽃길을 걷다.

시내 길을 벗어나 오산천길로 내려왔다. 오산 시내를 길게 관통하는 오산 생태 하천길이다. 하천 양쪽으로 잘 다듬어진 산책길이 길게 뻗어 있고 물가의 갈대숲과 어우러진 크고 작은 야생초들이 아침 산책길을 나선 시민들을 맞이하고 있다. 잎이 피기 시작한 버드나무와 활짝 핀 개나리가 산책길을 화사하게 만든다. 사이사이에 잘 조성된 아담하고 보기 좋은 마당 정원을 닮은 조형 공간이 산책길의 무료함을 달래주고 있다.

한가하게 아침 길을 시민들과 함께 걸었다. 산업단지 조성과 택지 조성 등으로 어수선하고 부산했던 평택시를 벗어난 한결 여유로운 아침 트레킹이다.

**봄 향기 가득한 오산천길**

오산 은빛개울공원

　봄 향기 가득한 오산천길을 벗어나 궐리사闕里祠가 있는 마을 사이의 동산을 지났다. 그곳을 내려오면 오산대학교가 있는 큰길 건너편에 오산대역이 보이고, 수청동 길 따라 길게 늘어진 은빛개울공원이 사거리 건너에 있다. 대로를 따라 길게 조성된 자연 친화적 산책공원으로 삼남길은 공원 내 산길로 이어진 고인돌공원을 지난다. 9시 30분, 6.3km 지점이다.

　고인돌공원을 지나면서 금암동, 세교동, 지곶동에 걸쳐 있는 여계산如鷄山을 넘었다. 산의 형세가 닭의 벼슬처럼 생겼다 하여 붙여진 이름으로 159m의 구릉 모습의 산으로 독산산성禿山山城이 있는 독산을 마주보고 있다. 마주치는 트레킹 길 안내 표시가 트레킹에서 가장 반가운 손님이 되곤 한다.

삼남 옛길 표시와 최근 정리된 위쪽의 코리아트레일 표시 마크가 함께 있다.

여계산을 내려와 지곶동 마을길을 따라 걸으면 임진왜란 때 권율 장군이 왜군을 물리친 독산산성이 있는 208m의 독성산을 오른다. 독산산성은 백제 시대에 만들어진 오래된 산성이다. 차량 통행이 가능할 정도의 완만한 경사길에 숲이 우거진 휘어진 길을 따르면 어느덧 정상에 다다른다. 산성의 총길이는 1,100m이며 내성은 350m에 달하나 트레일에서는 보이지 않는다.

세마대洗馬臺가 이곳 독산성 정상에 있다. 산성 내 물이 부족함을 알고자 하는 왜병 장수에게 정상에서 백마에게 흰쌀을 끼얹어 씻기는 장면을 연출하여 물이 풍부함을 알려 왜적을 물리쳤다는 이야기가 전해지는 곳이다. 독산성은 그 위치의 중요성으로 백제 시대에 축조된 후 통일신라와 고려에 이르기까지 군사 요충지로 활용되었고 임진왜란 때도 그 진가를 톡톡히 발휘한 산성이다.

**독산성 입구**

    독산성 정상을 벗어나 산림욕 숲길을 따라 길게 내려오면 길게 쭉쭉 뻗은 소나무 군락 사이사이에 길고 넓게 자리 잡은 나무 벤치가 사람들의 발걸음을 붙잡는다. 1시간만 쉬었다 가면 좋겠다는 유혹을 물리치기 어려웠다. 피톤치드가 뿜어 나오는 나무 밑에 잠시만 쉬어도 오장육부가 깨끗하게 세척될 것 같은 느낌이었다. 피톤치드를 마음껏 마셨다. 이 산림 구간에서만은 좀 더 천천히 걷자. 화사한 봄기운에 부풀어 오른 몸과 마음이 이 시간을 마음껏 즐기면서도 무거운 몸은 어쩔 수 없었다.

    잠시 백팩을 내려놓고 시원한 소나무 군락 사이에서 따사한 봄기운을 즐겼다. 이제 이 트레킹이 끝나면 봄은 가리라. 이 봄이 지나면 낙엽이 피고지고 눈도 내리리라. 내가 두 발로 봄과 여름, 가을과 겨울을 차례로 옮겨주는 길 나그네 같다.

> 인생이란 나그네와 같아 두 발은 잠시도 멈추지 않는다. 날마다 앞을 향해 나아가건만 앞길은 또 얼마나 될까? 오늘 이 봄을 보내는 마음은 친구와 헤어지는 마음 같구나.
>
> — 백거이白居易(772~846) '송춘送春' 부분

독산산성 내려오는 길 끝자락은 숲으로 우거진 길 사이로 개나리가 활짝 핀 작은 숲길이 길게 휘어져 돌고 도는 오솔길이다. 독산산성을 오르고 내리는데 지친 몸을 이 숲 오솔길이 풀어주었다.

독산산성 길을 내려오면 이제 오산시와 화성시 경계 지점으로 가게 된다. 오산과 화성의 경계를 이루는 황구지천黃口池川 세마교洗馬橋를 건너 화성시에 들어갔다. 화성華城이라는 이름은 조선 정조가 '화봉삼축華封三祝' 고사를 인용해 "사도세자의 능침인 '화산花山'의 花와 華는 뜻과 음이 통하여 華城으로 한다"고 하여 지은 이름이다. 또 화봉삼축은 요堯임금의 덕을 찬양하여 "성인聖人은 장수長壽하시고, 성인은 부富하시고, 성인은 다남多男하시라"고 축복했다는 고사이다.

따라서 화성에는 정조와 연관된 이야기가 많다. 정조 능행의 마지막은 오산과 화성의 경계를 이루는 황구지천을 건너는 일이었다고 한다. 봉학교鳳鶴橋, 세람교細藍橋라 불리던 옛 다리는 없어지고 지금은 세마교가 대신한다. 화성시로 들어서면 저 멀리 아파트 단지들이 우뚝하게 보이고 37코스 종점인 신한미지엔아파트 단지 앞을 지나게 된다. 11시 50분, 13.5km 지점이다.

안녕초등학교 교성 담벼락을 끼고 놀아 나와 화산 저수지를 지나 용주사龍珠寺에 이르렀다. 경기 삼남길 제6길 화성효행길은 세마교~신한미지엔아파트~화산저수지~용주사~배양교로 이어졌다. 아버지 사도세자를 위한 정조의 효심이 가득 깃들어 있는 용주사는 신라 문성왕 16

용주사 경내

년(854년)에 창건되어 갈양사葛陽寺로 불리다 병자호란 때 소실된 후 폐사되었다. 정조가 재창건한 절로 화성을 대표하는 사찰이기도 하다. 사도세자의 능인 융건릉隆健陵이 용주사 인근에 있다. 융릉은 사도세자와 혜경궁 홍씨로 널리 알려진 헌경의황후獻敬懿皇后의 능이고, 건릉은 정조와 효의왕후孝懿王后의 합장릉이다.

용주사는 우리 문단에 중요한 역사를 남긴 사찰이다. 1939년 서울 혜화전문학교(동국대학교 전신)에서 공부하던 지훈 조동탁은 용주사에서 큰 재가 열린다는 소문을 듣고 용주사를 찾았고 이곳에서 승무를 보았다. 조지훈은 이 승무를 시로 승화시킬 결심을 했고 그렇게 탄생된 시가 '승무僧舞'다.

후에 박목월, 박두진과 함께 같은 시기에 <문장文章>의 추천으로 시단에 등단하고 또한 우연히 공동적인 시풍詩風을 가졌는데 시를 표현

할 때 자연을 바탕으로 전통적인 운율 감각을 써서 자연파 또는 청록파라 부르는 시파를 이루었다. 시詩 poetry는 마음속에 떠오르는 느낌을 운율이 있는 언어로 압축하여 표현한 글이다.

얇은 사 하이얀 고깔은
고이 접어서 나빌레라.

파르라니 깎은 머리
박사 고깔에 감추오고

두 볼에 흐르는 빛이
정작으로 고와서 서러워라.

빈 대에 황촉불이 말없이 녹는 밤에
오동잎 잎새마다 달이 지는데,

소매는 길어서 하늘은 넓고
돌아갈 듯 날아가며 사뿐이 접어 올린 외씨보선이여

까만 눈동자 살포시 들어
먼 하늘 한개 별빛에 모두오고,

복사꽃 고운 뺨에 아롱질 듯 두 방울이야
세사에 시달려도 번뇌는 별빛이라.

휘어져 감기우고 다시 접어 뻗은 손이,
깊은 마음 속 거룩한 합장인 양하고

이 밤사 귀또리도 지새우는 삼경인데
얇은 사 하이얀 고깔은 고이 접어서 나빌레라.

　시 '승무'를 되새겨 보며 용주사를 나왔다. 화산동 태안3택지지구 조성 공사와 대로 확장 공사로 인하여 용주사에서 융건릉으로 가는 길이 사라지고 새로운 길이 만들어지고 있었다. 램블러 앱도 융건릉 가는 길을 안내하지 못했다.
　용주사를 벗어나 융건릉 가는 주변 길을 이리저리 돌다가 융건릉 가는 것을 포기하고 배양동 배양교培養橋로 향하였다. 서호천西湖川과 황구지천이 만나 흐르는 하천을 건너는 배양교를 지나 수원시로 들어갔다. 38코스 종점 배양교를 건너니 오후 1시 30분, 18.9km 지점이다.
　이제 서호천을 따라 평리동을 향해 길게 걸었다. 너른 벌판 중보들에 자리잡은 고색古索 향토문화회관은 수원 옛길의 홍보 거점이자 고색의 문화와 역사를 간직하고 소개하는 지역 특성 문화회관이다.
　다시 서호천을 따라간다. 수원 서호에서 시작하여 평동, 평리동을 거쳐 오산 황구지천으로 흘러가는 서호천은 한때 생활 오수로 감염되어 버려진 하천이었으나 지금은 잘 정비되어 생태 도심 하천으로 다시 태어나 시민들의 사랑을 받고 있는 수원의 대표적 명소이기도 하다. 벚꽃이 가득한 둑 밑 서호천길은 능수 갯버들과 개나리꽃이 활짝 피고 철 지난 누런 갈대숲이 우거진 산책길이 되었다. 자연스럽게 어우러진 크고 작은 야생풀들이 개울가를 지키고 있어 주민들의 휴식 공간을 넉넉히 제공하고 있다.

수인선 옛 협궤 철길이 옛 향수를 이끌어냈다. 서호천 끝자락 서호 수문 옆에 항미정杭眉亭이 서호를 내려다보며 앉아 있다. 송나라 대문호 소식蘇軾이 항주 태수를 지낼 때, 항주를 대표하는 절경인 서호西湖가 서시西施의 눈썹처럼 아름답다고 말했던 것에서 유래하였다. 중국의 4대 미녀로 알려진 월나라 서시는 오나라 왕 부차에게 바쳐졌고 부차는 서시의 미색에 빠져 국사를 소홀히 하여 결국에는 월나라에게 나라를 빼앗겼다는 역사적 사실이 전해온다. 그래서 빼어난 미색을 경국지색傾國之色이라 칭하기도 한다.

서시는 지병으로 얼굴을 자주 찡그렸는데 그 모습도 아름다워 일반 백성들도 그녀를 따라 얼굴을 찡그리고 다녀 빈축을 샀다고 한다. 이렇듯 자기 분수도 모르며 맹목적으로 남을 따라 하는 행위를 찡그릴 빈嚬, 찡그릴 축蹙을 합쳐 빈축嚬蹙이라는 말이 생겼다.

항미정

항미정을 내려와 소나무가 호수를 아우르며 운치를 더하는 서호 제방길을 따라 서호를 건넜다. 지금은 서호공원과 함께 시민들의 산책길로 사랑받는 서호는 정조 때 인공 저수지로 만들어져 농업용으로 크게 활용된 축만제祝萬堤의 다른 이름이다. 축만제는 천년만년 만석의 생산을 축원한다는 뜻으로 화성 서쪽에 있어 일명 서호라 불렀다. 아름다운 항주의 서호와 같은 이름이기에 소식의 시 '서호는 항주의 미목과 같다' 시구에서 유래된 항미정과 함께 자리를 잡았다.

서호 제방

서호 제방을 따라 건너면 서호공원을 만나게 된다. 서호를 왼편에 두고 넉넉한 공간을 가진 시민공원이다. 벚꽃, 개나리, 목련 등 봄꽃이 넓은 공원 안을 장식하고 크고 작은 수목들이 입체감을 주어 철 이른 그늘을 만들어주고 있다. 수원 시민들이 사랑하는 공원이며 39코스 종점이다.

　　수인분당선 전철을 타고 집으로 돌아왔다. 지금부터는 집에서 다니는 트레킹이 다시 시작되었다. 무거운 배낭의 부담이 없는 가벼운 행장이다.

---

**오늘의 여정**

**오산 구간**
36코스:　　오산시 맑음터 공원~오산천~궐리사~은빛개울공원

**오산~화성 구간**
37코스:　　은빛개울공원~고인돌 공원~여계산~독산성~신한미지엔아파트

**화성 구간**
38코스:　　신한미지엔아파트~용주사~배양교

**수원 구간**
39코스:　　배양교~고색향토문화전시관~옛수인철도~항미정~서호~
　　　　　　수원시 서호공원

출발:　　오산시 맑음터 공원 오전 7시 30분
도착:　　수원시 서호공원 오후 4시

걸은 시간:　8시간 40분
걸은 거리:　26.2km / 누계 543.8km

# 20  임영대군의 깊은 충절이 서려 있는 길

**트레킹 20일째:**
**4월 8일. 금요일. 맑음**

집에서 편한 잠을 자고 이른 아침 집밥을 먹고 길을 나서니 등에 멘 배낭도 한결 단출해졌다. 오늘부터는 전철이 닿는 곳을 지나게 된다. 7kg 무게의 배낭이 2kg이 되었으니 날아갈 듯한 아침 발걸음이다.

수인분당선 수원역에서 어제 종점 서호공원까지 갔다. 서호천을 따라 발걸음은 계속되고, 개나리가 개울가를 활짝 덮고 아직 새싹이 돋지 않은 양지녘의 잔디는 누른색이다. 자연스럽게 굽어 흐르는 맑은 개울물이 상쾌감을 더해준다. 몸과 마음이 가벼운 아침 길을 서호천이 이끌어준다.

서호천

화서역을 지나 지금은 아파트촌으로 바뀌어버린 슬픈 전설이 깃든 꽃뫼마을을 지났다. 동남보건대학교를 가까이 보며 율전동 청개구리공원에 이르렀다. 자연스런 넓은 뜰에 어린이 놀이기구 외에는 특별한 꾸밈이 없는 청개구리공원은 이름에 어울리는 어린이 놀이터 같다.

청개구리공원을 지나면 이목동 덕성산德城山으로 올라가는 길이 보인다. 야트막한 동네 동산으로 부담 없이 오르는 산길이 이어진다. 덕성산 갈림길에는 여러 갈래 길 표시가 등산객의 길을 안내해주고 있다. 골사그네 표시길로 내려오는 길에 기념비가 있다. 1970년대 전국적으로 식목 행사가 한창이던 때 박정희 대통령이 식목 행사 후 이곳 조림지에 세운 기념비이다.

율전 청개구리공원

조림지를 지나 골사그네에 도착했다. 지지대遲遲臺 고개 아래 자리 잡은 삼태기 모양의 오목한 마을이다. 40코스 종점이며 10시 45분, 9.4km 지점이다. 골사그네 마을을 지나 오전동 오매기 마을로 트레일은 이어진다. 가옥 수도 많지 않은 한적한 시골길 건너편에 커다란 현대식 건물에 바다향 왕코다리 백운호수점 광고판이 눈에 확 들어왔다.

　　오매기 마을 진입 도로가 그렇게 편하지도 않은데 맛을 즐기려는 많은 사람들이 이 마을을 찾아온다. 이렇듯 별미라고 알려지거나 독특한 문화 체험이 있는 곳이면 거리나 교통의 불편함도 감수하고 달려오는 오감만족 충족의 시대에 우리는 살고 있다.

　　오매기 마을을 지나면서 모락산 둘레길로 접어들었다. 모락산慕洛山은 의왕시를 대표하는 산이다. 세종대왕의 넷째 아들 임영대군 이구臨瀛大君 李璆는 둘째 형 수양대군이 계유정난을 일으켜 셋째 형 안평대군을 죽이고 조카 단종의 왕위를 찬탈하는 횡포를 보고 신변의 불안감을 감추지 못해 이곳 절터골 토굴에 숨어 살았다. 종묘사직의 안녕과 국태민안을 위해 한양을 향해 매일 망배례 올리고 숙부에게 왕위를 빼앗긴 단종이 있는 영월을 향해 절을 하였다. 서울을 사모하는 산이라 하여 그리움을 뜻하는 모慕와 서울 락洛을 써서 모락산이라 불렀다.

　　모락산 둘레길은 여러 방향으로 길이 만들어져 있다. 삼남길 트레일은 그중 능안고개를 넘어 임영대군 사당이 있는 능안동 길이다. 그 길을 걸어 임영대군 사당에 이르렀다. 세종대왕이 등극 후 낳은 가장 사랑한 아들로 알려진 임영대군은 어려서부터 천성이 활달하고 근검하며 공손하였다고 전해지며 무예도 능하였다. 묘역은 사당에서 200m 떨어진 곳에 있다. 이곳을 지나 도성 과시장으로 가던 호남 유생들은 이 사당에서 임영대군의 깊은 충절을 되새기면서 이 사당에서 배례하였으리라.

**임영대군 사당**

　임영대군 사당을 넘어 백운호수白雲湖水로 가는 길에 능수버들 벚꽃이 만개하여 길손의 눈길을 사로잡고 있다. 이어서 백운호수에 왔다. 41코스 종점이며, 오후 1시 20분, 16.8km 지점이다. 백운호수는 농업용수 저수지로 조성된 인공호수지만 물량이 많고 맑아 지금은 많은 시민들에게 사랑받는 유원지 호수가 되었다. 물위 데크길이 호수 주위를 둘러보게 길게 만들어져 있고 경광 좋은 곳에는 식당들이 자리를 잡고 있다. 호수 위에는 백조 보트가 여유롭게 손님을 기다리며 유유히 떠있다.

　갈증과 지친 발걸음에 마침 점심때가 되어 식사할 식당을 둘러보았다. 자동차를 가져오지 않은 손님에게는 30% 할인이라는 냉면집 안내 표시에 긴가민가하며 냉면을 먹었다. 금요일 오후 점심시간임에도 손님은 많지 않다. 30% 할인에 뿌듯한 느낌을 안고 주차장을 지나 여러 갈래로 나뉜 고가도로 교각 사이로 빠져나와 의왕시를 벗어나고 안양시 학의천鶴儀川 길을 따라 걸었다.

안양安養이란 명칭은 고려 태조 왕건에 의해 창건된 안양사安養寺에서 유래하였다. 안양이란 불교에서 마음을 편하게 하고 몸을 쉬게 하는 극락정토의 세계로 모든 일들이 원만하게 이루어지고 즐거움만이 있고 괴로움이 없는 자유롭고 아늑한 이상향의 세계를 일컫는 말이다.

안양천변에는 철지난 갈대숲과 벚꽃, 개나리가 활짝 피어 산책 나온 시민들을 반기고 있었다. 따뜻한 봄날 주말 오후에 학의천을 걷는 시민들의 표정이 벚꽃만큼이나 화사하다. 학의동의 백운산 북쪽에서 발원하여 서쪽으로 흘러 의왕시 비산동 부근에서 안양천으로 합류하는 학의천을 따라 오후 길을 길게 걸은 후 인덕원역에 이르렀다. 42코스 종점이다. 오후 3시이고 20.9km 지점이다. 전철역이 있는 인덕원역에서 오늘 트레킹을 마감했다.

백운호수

**오늘의 여정**

수원~의왕 구간

40코스:　　수원시 서호공원~서호천~율전 청개구리공원~해우재~골사그네

의왕 구간

41코스:　　골사그네~오매기 마을~모락산길~임영대군 사당~의왕시 백운호수

의왕~안양 구간

42코스:　　의왕시 백운호수~학의천~안양시 인덕원역

출발:　　　수원시 서호공원 오전 8시 15분

도착:　　　안양시 인덕원역 오후 3시 20분

걸은 시간:　6시간 45분

걸은 거리:　20.9km / 누계 564.7km

## 21     남태령을 지나
               드디어 서울에 들어오다

**트레킹 21일째:**
**4월 9일. 토요일. 흐린 후 맑음**

인덕원 전철역을 나와 트레일을 따라 아파트촌을 만나고 아파트 사이로 나지막한 구릉을 넘어 과천으로 연결되는 관악산 둘레길을 눈앞에 두었다. 서울과 경기도를 함께 품고 있는 관악산 둘레길은 안양 구간(10km), 과천 구간(6.6km) 그리고 서울 구간(15km)으로 구성되어 있다. 오늘은 안양 구간에서 과천 구간을 지나는 트레일이다.

   관악산 산림욕장 길로 들어서면서 관악산 트레일은 시작되었다. 관악산은 서울시, 안양시와 과천시의 경계에 있는 산으로 높이는 622m이다. 그 뒤로 이어지는 청계산, 백운산, 광교산으로 연결되는 한남정맥漢南正脈으로 이어진다. 바위로 이루어진 산 정상부 모습이 갓을 쓰고 있는 모습이라 하여 관악산冠岳山이라 불린다.

   막 피기 시작한 나뭇잎들이 제법 파릇파릇하게 돋고, 진달래가 나무 사이사이로 빨간 모습을 보이는 트레일은 남녘의 완연한 봄과 함께하며 왔지만 관악산 둘레길은 마치 이제 봄이 오고 있는 듯한 느낌이다. 한가한 주말 오후에 봄을 즐기려는 등산객들의 치장도 아직은 완전한 봄 치장이 아니다. 트레일은 과천 구간 남태령南泰嶺 방향으로 이어졌다.

   관악산 둘레길 관악 구간을 벗어나면 과천 방면에서 시작되는 관악산 등산길을 맞이하게 된다. 입구에 있는 과천향교를 지나 연주대로 올라가는 등산길이다. 양녕대군과 효령대군은 동생인 충녕대군(세종)에게 왕위를 물려주고 관악산에 머무르기로 했지만 한양을 그리워하

관악산 산림욕장

는 마음을 완전히 떨치지 못한 두 왕자는 늘 관악산에서 한양을 바라보며 그리워하였다. 이 관악산 꼭대기를 군주를 그리워한다는 뜻으로 연주대戀主臺로 고쳐 불렀다.

과천향교를 왼편에 두고 과천 청사를 향해 곧은길을 내려갔다. 관악산 둘레길을 벗어나자 논산시 연무대읍 금곡리에 있는 견훤왕릉을 호위하고 있는 모란꽃나무 못지않게 큰 모란꽃나무가 하얀 모란꽃을 백설처럼 뿜어내고 있었다.

만개한 벚꽃으로 가득한 가로수 길을 따라 정부종합청사를 지나 과천시청사를 끼고 돌아가면 온온사穩穩舍를 지나게 된다. 한양에서 출발하여 현릉원顯隆園으로 가는 화성 행차에서 정조는 이곳 과천 객사에서 1박을 했다. 주위 경관이 뛰어나고 몸과 마음이 편하였다 하여 한 번도 아닌 두 번이나 온자를 붙여줄 정도로 온온사를 좋아하였다. 지금

**모란꽃나무**

붙어 있는 온온사 현판은 정조의 친필로 알려지고 있다.

온온사를 지나 트레일을 따라 걸으면 양재천을 만나게 된다. 이 양재천은 과천에서 발원하여 양재 방향으로 흘러 도곡동을 지나 대치동을 경유하여 탄천에 유입되고 한강으로 흘러 들어가게 된다. 그 하류는 학탄鶴灘(학여울)이라고 기록하고 있다.

벚꽃과 봄기운이 가득한 양재천을 따르다가 양재천을 벗어나면서 선바위역을 만났다. 선바위역을 지나면 우면산으로 가는 길이다. 소가 자고 있는 모습이라 이름 붙여진 우면산牛眠山은 과천을 벗어나 서울로 들어가는 산길이다. 백색 도자기 원료인 고령토를 지칭하는 백토 광산지가 있었던 무네미골을 지나 우면산길로 갔다.

우면산길 자락에 남태령 옛길을 지나게 된다. 정조가 화성 능행 때 넘어간 고갯길이다. 여우가 많이 출몰하여 원래는 여우고개라 불리었

양재천 상류 지역. 공수천이라 기록되어 있다.

다. 정조가 동행하던 이방에게 고개 이름을 묻자 여우고개라는 속된 이름 대신 남행할 때 첫 번째 나오는 고개라는 뜻의 남태령南泰嶺이라 대답한 것이 이름으로 굳어졌다.

　남태령역이 있는 남태령 고개가 과천과 서울의 경계 지점이며, 43코스 종점이다. 조선 시대에는 한양과 충청, 호남, 영남의 삼남을 잇는 유일한 도보길이었다. 이 고갯길은 보부상들이 제 몸보다 큰 짐꾸러미를 둘러메고 넘는 물산의 통로였고, 청운의 꿈을 안고 과거장으로 향하던 선비들도 걸었던 애환이 서린 과시장 길이기도 했다.

**남태령 옛길 표시석**

남태령 옛길에 위치한 과천루果川樓는 좌우로 청계산과 관악산이 감싸고 있고 과천 시내가 한눈에 들어온다. 과천 8경 중 제7경 남령망루南嶺望樓는 '남태령 망루에서 바라보는 과천'을 말한다. 조선 후기 학자 신경준申景濬은 "길에는 주인이 없다. 그 위를 가는 사람이 주일일 뿐이다"라 하였다.

　이제 우면산 둘레길로 들어왔다. 서울 서초구와 경기도 과천의 경계선에 있는 우면산 자락길을 지나면 서울 둘레길 대모산大母山과 우면산을 연결하는 3코스 일부를 걷게 된다. 진달래가 피어나기 시작하였다. 트레킹을 시작한 익산시부터 함께 걸어온 진달래, 개나리, 벚꽃, 목련이 지금까지도 나와 함께하며 끝까지 삼남길 트레킹을 응원하고 있다. 고맙고 고마운 트레킹 친구들이 된 꽃들이다.

**우면산 둘레길의 진달래**

매봉재산梅峰岾山 125m에 있는 방배 근린공원 숲길 산책로를 걸어 나와 BTN 불교방송국을 지나면 조선 3대 태종의 둘째 아들인 효령대군 이보孝寧大君 李補와 예성 부인 해주성씨의 위패를 모신 사당과 묘소가 있는 청권사淸權祠를 지났다. 청권사의 활짝 핀 개나리 돌담길을 시작으로 청권사 쉼터를 지나 서리풀공원길로 들어간다.

서리풀은 서초瑞草의 옛말로 상서로운 풀이라 하여 '벼'를 뜻하는데 이곳에 논이 많아 서리풀(벼)이 무성하였다 하여 붙여진 지명이다. 서리풀공원 산책로를 따라 고속터미널 방향으로 가서 몽마르뜨 공원에 들어왔다. 프랑스 파리 시가지를 내려다 볼 수 있는 자유분방함을 즐기는 예술가들의 아지트로 유명한 파리 몽마르뜨르 언덕은 '순교자의 언덕'을 의미한다. 서래마을 진입로를 '몽마르뜨길'이라 불렀는데, 자연히 그 인근에 있는 야산이 곧 몽마르뜨 공원이 되었다.

서래마을은 우리나라에서 가장 많은 프랑스인이 거주하는 곳으로 외국의 문화, 특히 프랑스 문화를 느낄 수 있는 독특한 거리와 공원을 갖추고 있는 곳이다.

몽마르뜨 공원

몽마르뜨 공원길에서 반포 고속터미널로 내려오는 길은 누에다리를 건너야 한다. 누에다리를 건너 고속터미널역 3번 출구까지 왔다. 오늘의 종착지다.

**오늘의 여정**

안양~과천~서울 구간

43코스:   안양시 인덕원역~관악산 둘레길~과천 시청~온온사~양재천~

　　　　선바위역~우면산~남태령역

서울 구간

44코스:   남태령역~우면산~서울둘레길~매봉재산~방배공원~창권사~

　　　　서리풀공원~몽마르뜨공원~서울 반포 고속터미널

출발:　　안양시 인덕원역 오전 9시 20분
도착:　　서울 반포 고속터미널 오후 5시 10분

걸은 시간:　7시간 50분
걸은 거리:　25.2km / 누계 589.9km

## 22   한강을 건너고 남산을 넘어
    마침내 광화문에 도착하다

**트레킹 22일째:**
**4월 10일. 일요일. 맑음**

고속터미널역 3번 출구에서 반포대교로 향했다. 도로 가장자리에는 연산홍과 자목련이 피어나기 시작했다. 서울에도 봄이 오고 있는 것이다. 반포대교 밑 잠수교로 발걸음을 옮긴다.

　잠수교 주변 야외 둔치에는 휴일을 맞아 봄을 즐기는 시민들이 많다. 한강의 넘실대는 강물을 가장 가까이서 볼 수 있는 곳이다. 세빛둥둥섬을 왼쪽에 두고 잠수교를 건너는 끝자락에서 오른쪽으로 난 강변북로길 교각 밑 자전거길과 산책길이 혼재하는 강변길을 따라 한남대교 방향으로 걸었다.

서울에 봄이 오다.

**한강 세빛둥둥섬**

    강변북로 밑에 이러한 삼남길 트레킹 길이 있을 줄은 누구도 알기 쉽지 않다. 강변북로 교각 밑에 있으니 어디에서도 보이지 않는다. 트레일은 커다란 배관들이 길게 인도를 점령해 있기에 자전거길로 함께 걸어야 한다. 멀리서 달려오는 자전거에 길을 내주기도 한다.

    한남대교 아래에서 한남동 오거리로 나왔다. 산책길에서 대로로 쉽게 올라올 수 있었다. 트레일은 한남 오거리를 지나 더힐아파트 단지 입구 왼쪽으로 응봉공원에 진입하게 된다. 더힐아파트 정문 앞 전신주에 코리아트레일(삼남길) 로고가 선명하게 붙어 있었다. 코리아트레일 협회에서 나름대로 노력한 흔적이다. 감사하다. 누군가 지나가는 사람이 있으면 붙잡고 막무가내로 이 로고로 삼남길의 긴 이야기를 들려주었을 텐데 지나가는 사람이 없어 많이 아쉬웠다.

한남동 더힐아파트 입구에서 응봉공원으로 가는 길을 알리는 코리아트레일(삼남길) 표시

　　한남동 매봉공원과 금호동 응봉근린공원 길은 연결되어 소담하게 가꾸어진 산책길로 벚꽃과 이팝꽃이 만개하였다 오른쪽 어깨 너머에는 더힐아파트 단지가 내려다보인다. 이제까지 산과 들, 하천길을 걸어왔는데, 한강과 아파트, 고층 건물을 보며 걷는 서울의 도심 풍광이 쉽게 눈에 들어오지 않았다.

　　응봉근린공원 전망대에서 한강과 도심을 보고 있다. 한가한 세상에서 번잡한 속세로 다시 돌아온 느낌이었다. 봄날을 즐기려는 사람이 간혹 지나가는 응봉근린공원이 이렇게 좋은 위치에서 좋은 풍광을 만들어내는 트레일이라는 것을 처음으로 알게 되어 참으로 기뻤다. 이렇듯 삼남길 트레일은 곳곳에 숨은 아름다운 길이 많다.

　　숲과 벚꽃, 이팝꽃이 만개한 공원길을 따라 오르고 내리며 길게 걷는 매봉산길은 남산과 매봉산(독구리산)을 단절시킨 다산로를 생태적

**응봉공원에서 내려다 본 한남동**

으로 연결한다. 생물종의 다양성을 증진시키고 야생동물들의 이동을 안전하게 해주기 위한 버티고개 생태통로까지 당도하였다. 도심 속 숲길로 오르고 내리는 길이 계속 이어졌다.

장충동을 지나 남산으로 접근해간다. 여기에서 기존의 서울숲~남산길과 한성도성길로 나뉜다. 반야트리클럽을 지나는 한양도성길로 국립극장을 지나 남산공원길로 접어든다. 국립극장을 보며 대로를 건너면 남산공원이라는 커다란 안내 글씨를 보게 되었다. 남산이 아니라 '남산공원'이라는 사실을 일깨워주고 있었다.

남녘 전북 익산에서 함께 걸어온 벚꽃이 이제 서울 남산공원에서 절정의 꽃망울을 터뜨리고 있었다. 게다가 일요일에 날씨마저 화창하

남산공원

니 차 없는 공원길에는 봄나들이 시민들로 가득하다. 끝없이 이어지는 벚꽃길이 이제까지 누적된 피로를 모두 날려보내고, 가벼운 흥분감이 몸을 감싸고 돌았다.

더구나 삼남길의 길고 긴 종착점이 이제 코앞에 다가왔으니 몸과 마음이 흥분하지 않을 수 있을까? 나도 모르는 사이에 여느 상춘객들과 함께 만개한 벚꽃을 따라 기분 좋게 남산 둘레길 봄나들이 길을 걷고 있는 것이다. 마치 갓나온 상춘객처럼.

남대문으로 내려오는 남산 둘레길에 제갈량을 모시는 사당인 와룡묘臥龍廟가 있다 오후 1시이고, 12.6km 지점이다. 와룡묘 경내에는 정전인 와룡묘와 단군성전 삼성각三聖閣이 있다. 이 와룡묘는 제갈량뿐 아니라 관우, 단군, 산신 등을 모신 신당으로 중국의 신앙과 우리의 토속신앙이 결합된 독특한 신앙 형태를 갖고 있다.

저 멀리 남산타워가 벚꽃 사이로 보인다.    와룡묘 입구

숭례문

와룡묘를 지나 남산길을 내려오자 남대문이 나왔다. 이제 종착지인 광화문이 멀지 않았다. 트레킹 성공의 기분이 고조되었는지 발걸음이 가벼웠다. 마치 여느 날 남대문을 지나가는 기분이었다. 이윽고 국보 1호 숭례문을 지나간다.

숭례문을 지나자 시청이 저 멀리 보였다. 고전식의 옛 석조 건물을 덧씌워 놓은 현대식 유리건물의 부조화가 묘한 느낌을 준다. 마음과 발걸음은 벌써 광화문으로 달려가고 있다. 동아일보사를 지나 광화문 사거리에서 신호등을 기다리는 동안에도 눈은 광화문에 고정되었다. 좌우가 확 트인 광화문 정문이 훤히 눈앞에 서 있다. 마침내 광화문에 도착했다. 오후 1시 50분이다. 길고 긴 삼남길 트레킹이 무사히 끝났다.

아! 또 해냈다. 감격스럽다.

아, 광화문이다.
삼남길 종착지 한양 도성이다.

**오늘의 여정**

서울 구간

44코스:　서울 반포 고속터미널~세빛둥둥섬~한강시민공원~잠수교~한남오거리
45코스:　한남오거리~매봉산 응봉공원~남산둘레길~와룡묘~남대문~
　　　　　서울광장~광화문

출발:　　서울 반포 고속터미널 오전 9시
도착:　　서울 광화문 오후 1시 50분

걸은 시간:　4시간 50분
걸은 거리:　15.4km / 누계 605.3km

# 제2부

## 영남길

조선 시대 한양 도성을 기준으로 경기도~충청도~경상도를 종으로 연결하는 길이 영남길이고, 경기도~충청도~전라도를 종으로 연결하는 길이 삼남길이었다.

영남길은 조선 1392년에서 1910년까지 존재했던 동래(부산)에서 한양(서울)까지 잇는 간선도로였다. 마을과 마을을, 들과 산을 가로지르고 넘는 옛길의 정취를 느끼며 걷는 길이었다. 이 길은 한양과 호남을 연결하는 삼남길에 대비되는 길이기도 하다.

2021년 가을과 2022년 봄에 걸쳐 전라도 해남 땅끝마을에서 출발하여 남대문을 거쳐 광화문에 이르는 삼남길을 완주했다. 이제 나에게 남은 마지막 국토 내륙 종단길인 영남길을 완주하면, 2010년에 시작된 국내, 해외 트레킹은 14년에 걸친 5,962km의 대장정으로 마감될 수 있다.

돌이켜보면 2010년 네팔 안나푸르나 히말라야 트레킹으로 시작된 길고 긴 여정의 트레킹은 2011년 스페인 산티아고 순례길로 이어지고, 2014년의 동해안 해파랑길로 연결된 것이 고난과 환희, 영광을 안겨준 길고 긴 트레킹 여정으로 깊게 들어선 계기가 되었다. 험난하고 끈기와 인내심을 요구하는 긴 트레킹 여정에서 나만이 간직하게 된 고통과 환희, 보람에 가득 찬 깊은 사연들이 하나둘씩 쌓여감에 따라 오늘까지의 길고 긴 트레킹은 길게 이어져 이제 대한민국 해안길과 내륙길 트레킹의 완성으로 향해가고 있는 것이다.

2021년과 2022년에 걸친 삼남길을 완주했을 때, 이제 남은 영남길 트레킹을 끝냄으로써 내륙 종단길의 마무리라는 마지막 목표 달성이 눈앞에 다가오고 있었다. 어떻게 하든 옛 영남길을 찾아내거나 아니면 영남길을 새로 만들어 종주를 마쳐 해안길과 내륙길을 완주하는 대한민국 둘레길을 완성해야 한다는 생각이 머리를 가득 채우고 있었다.

그 시작은 영남길에 대한 자료 수집이었다. 여러 자료를 수집하고 준비하고 검토하던 중에 영남길은 이미 조선 시대에 알려져 역사에 기록된 삼남길, 의주길義州路, 경흥길慶興路과 함께 4대 간선 길이라는 사실을 알게 되었다. 그럼에도 관헌과 보부상, 유생들이 걸었던 영남 옛길은 삼남길과는 달리 지도나 다른 기록으로도 온전히 남아 있지 않았다.

경기도 이천에서 서울 광화문까지 이어지는 경기도 구간은 '경기옛길 영남길'로 지금도 잘 보존되어 있고 트레일 앱에도 나와 있다. 그렇다면 경상도 구간과 충청도 구간의 길은 어디에서 어떻게 찾거나 혹은 만들어야 하나? 여기저기 기록들을 찾아보다가 영남길을 완주한 기록인 <영남대로: 부산에서 서울까지 옛길을 걷다>라는 책을 서울 중앙도서관에서 찾아 열람할 수 있었다. 영남길을 트레킹한 신정일 작가의 답사 기록이었다.

이 책에서 보여준 트레일은 정통 영남 옛길을 찾아 몸소 걸은 길이었다. 나도 이 길을 따라 걷는 것을 기본으로 하지 않을 수 없었다. 그러나 이 책은 2007년에 출간되었기에 그 사이에 없어지고 새로 생긴 길도 많았을 것이다. 당연히 영남 옛길은 많이 없어지고 훼손되었을 것이다. 없어지고 훼손된 길은 그 길이 지나가는 마을에 가장 가까운 길로 걷는 것을 원칙으로 하여 트레킹 트레일을 정했다. 부산~경상도~충청도 구간은 영남 옛길에 대한 길 안내 표시가 없고 또한 길을 안내하는 앱도 없기에 순전히 지도에 의한 길 찾기를 할 수밖에 없었다. 그리고 경기도 길은 기록으로 잘 남아 있는 '경기옛길 영남길'을 따라 걷기로 하였다.

영남 지역에서 서울로 가는 길은 몇 갈래가 있다. 부산에서 대구를 지나 문경새재, 충주, 용인을 지나는 영남대로가 있고, 부산에서 청도, 영천, 안동을 지나 죽령을 넘는 영남좌로가 있으며, 대구, 김천을 거쳐 추풍령을 넘는 영남우로가 있다. 16일 일정의 영남우로가 가장 긴 길이다. 반면 새재를 넘는 영남대로는 14일의 일정이었다.

역사적으로 100여 년 전까지는 실제로 존재했던 길이 그 후 국토개발 등으로 길은 많이 훼손되고 새로운 길이 생겨났다. 온전한 옛 영남대로는 더 이상 존재하지 않게 된 것이다.

## 출발  나 스스로 부딪치며
　　　　　걸어야 할 길

**2022년 10월 5일. 수요일. 흐림**

수서역 SRT 오후 1시 30분 열차에 몸을 싣고 부산역으로 갔다. 창가에 앉아 지나치는 도시와 마을, 들녘을 보며 여느 트레킹 출발 열차와 다르게 마음이 가볍지만은 않았다. 삼남길 트레킹은 다행스럽게도 옛길이 복구되고 복원되어 트레일을 따라 걸으면 예정된 트레킹이 이루어질 수 있었다. 그러나 이번 영남길은 경상도~충청도 길은 나 스스로 확인하고 트레일을 만들어가며 걸어야 할 길이기에 부딪치며 걷기 전에는 불안한 감정을 떨쳐낼 수 없었다. 더구나 동행이 없는 혼자 스스로 찾아가며 걸어야 하는 길이었다.

　영남길 출발지인 동래읍성 동래부 관아가 있었던 동래구 명륜동 인근 모텔에 여장을 풀었다. 내일 출발지 동래읍성東萊邑城을 사전 답사하였다. 동래읍성지는 동장대東將臺가 있는 충렬사忠烈祠 뒷산에서 마안산馬鞍山을 거쳐 서장대西將臺가 있는 동래향교 뒷산까지의 구릉지와 현재 동래 시가지 중심 지역인 평탄지를 일부 포함한다. 전형적인 평산성平山城 형식으로 축조된 성으로 산성과 평지성의 장점을 두루 갖춘 대표적 읍성이다.

　고려 말 조선 초에 쌓은 것으로 추정되는 동래읍성은 임진왜란 이후 방치되었다가 1731년(영조 7) 동래부사 정언섭鄭彦燮이 나라의 관문인 동래의 중요성을 감안하여 임진왜란 당시보다 훨씬 규모가 큰 읍성을 쌓았다. 그때 쌓은 성이 지금까지 그 흔적이 남아 있는 동래읍성의 기원이다.

영남길

1

부산광역시 동래구 동래읍성

대구광역시 수성구 상동교

# 1 바다로부터 나라를 지키는 관문인 동래

**트레킹 1일째:**
**10월 6일. 목요일. 비 온 후 흐림**

이른 새벽부터 비가 내리더니 모텔을 나설 때까지 계속되었다. 굵고 강한 비는 아니지만 그냥 가볍게 우산만 들고 나갈 비도 아니었다. 긴 시간을 걷게 될 경우를 대비하여 비옷과 우산을 쓰고 지도는 비닐 커버로 감쌌다. 동래구 명륜동 동래읍성 동래부 관아 앞에서 대한민국 둘레길의 마지막 트레킹이 될지도 모르는 첫발을 내딛었다.

주변은 아직 어둑어둑하다. 동래읍성은 조선 시대 동래부의 행정 중심지로 충렬사 뒷산에서 시작해 동래구의 중심을 감싸는 총 1.9km 둘레의 성곽이다. 동서남북으로 모두 4개의 문이 있고 그 위에는 누와 장대를 설치해 적의 공격에 대처할 수 있도록 하였다. 임진왜란 때 부산진성과 함께 왜군의 1차 공격 목표가 되었다. 왜군이 동래읍성 앞에서 길을 비켜달라고 요구했을 때 동래부사 송상현宋象賢(1551~1592)은 "싸워서 죽기는 쉬우나, 길을 비켜주기는 어렵다"하며 군, 관, 민 함께하여 왜군과의 장렬한 전투가 벌어졌던 곳이다.

동래부(동래구)는 역사적으로 많은 의미를 담고 있다. 동래는 일본과 최접경지로서 한반도 제일의 관방이자 전략 요충지로 중시된 만큼 일찍부터 읍성과 관아가 설치되었다. 조선 시대에는 군사적 요충지로서 더욱 중시되어 태조 때부터 진을 두고 병마절도사兵馬節度使가 판헌사를 겸하도록 하였고, 명종 12년(1547)에 도호부로 승격되어 정3품 당상관으로 부사를 임명하였다.

동래읍성 북문 앞

　특히 임진왜란 이후 동래에 대한 중요성이 크게 인식되어 효종 6년(1655) 경주 진관에 있던 것을 독진으로 독립시키고, 관아도 대대적으로 복구하였다. 그러나 임진왜란을 돌아보면 우리에게 아픈 역사를 남긴 곳이기도 하다. 동래읍성이 함락되면서부터 일본의 조선 침탈이 거칠게 한양 도성으로까지 밀려갔던 것이다.

　이러한 어두운 역사의 한 면이 있는 곳이지만 이곳은 또한 온천 지역으로 잘 알려져 있다. <삼국유사>에도 기록이 나오듯 신라 시대 때부터 동래는 잘 알려졌으나 1883년 개항 시기에 일본인에 의하여 본격적으로 개발되기 시작하였다. 우리나라 유수한 온천 중 하나로 55도의 알칼리성 식염천이다. 동래온천에는 온천이 알려진 설화가 있다.

　신라 시대 동래 고을에 다리를 쓰지 못하는 절름발이 노파가 살고 있었다. 어느 날 집 근처에 있는 논에 학 한 마리가 날아왔는데, 우연히도 그 학 역시 노파처럼 다리를 절룩거리면서 돌아다녔다. 노파는 똑같은 처지에 놓인 학을 동정하며 함께 지냈다. 사흘째 되던 날에 학의 다리가 완쾌되어 근처를 몇 바퀴 돌다가 힘차게 날아서 떠나버렸다. 노파가 이상하게 여겨 학이 있던 자리에 가보니 뜨거운 물이 솟아나고 있었다. 그 샘물에 다리를 담근 노파는 며칠 뒤에 완쾌되어 마음대로 움직일 수 있게 되었다. 이후 이곳을 마을 사람들이 온천이라 불렀다 한다.

'온천溫泉'은 글자 그대로 따뜻한 물이 나오는 곳이다. 따뜻함과 탕에서 뿜어주는 열기로 아늑함과 여유로움을 주는 곳이기에 비가 내리는 가을날이면 한결 더 가까이 다가오는 따스한 이미지를 가지고 있다. 게다가 동래는 '동래파전'으로도 유명한 곳이기에 오늘처럼 궂은 날씨에는 온천과 파전이 더더욱 생각난다.

온천로의 온천역을 지나 중앙대로를 따라 걸을 때 점차 비가 개였다. 우의를 벗고 우산도 접었다. 긴 트레킹 길에는 날씨의 도움을 받아야 한다. 아침 출발 때 날씨 걱정이 말끔히 사라졌다. 두실 전철역을 지나 계속 북상하면 남산역을 만나고 이어 범어사梵魚寺 역에 이르렀다. 9시, 8.4km 지점이다. 번잡하던 중앙대로의 차량이 한결 줄어들어 한가해졌다. 긴 트레킹에는 도심지 길 걷기가 복잡할뿐더러 길 안내 표시의 부족으로 언제나 마음이 가볍지 만은 않다.

범어사역을 지나 청룡로를 지나면 노포 삼거리를 만나고 삼거리에서 왼쪽으로 양산시로 향하는 1077번 노포사송로를 걷기 시작하였다.

부산 컨트리클럽에서 경부고속도로와 한동안 어깨를 나란히 하고 경상남도와 부산 경계점을 지나 사송沙松 육교에서 고속도로 밑을 통과하면서 고속도로와 헤어진다. 옛 기록에 의하면 부산 컨트리클럽의 일부가 옛 영남대로였다고 한다. 사송리길을 따라 사송리 대단지 아파트 건설 공사가 한창이다. 이미 지어져 있는 아파트 단지들과 함께 마치

노포 삼거리. 양산시로 접어든다.

미니 신도시 같은 느낌이었다.

이렇게 도회지 인근에 대단지 주거 지역이 밀집되어 건설된다면 전통적인 농촌 마을은 상대적으로 쇠락해가고 있다는 이야기일 것이다. 옹기종기 모여 일상으로 이웃 간의 다정한 대화가 있고 오손도손 정을 나누는 정감어린 농촌 생활에서, 다닥다닥 붙은 콘크리트 회색 건물의 현대식 주거로 옮겨가고 있다. 그로 인해 일상의 대화도 단절되고 이웃의 정도 나눌 수 없는 도회지 생활이 우리에게 바람직한 삶의 형태일까? 하는 생각에 잠시 잠겨본다.

그러다보니 사배마을을 지나고 어느덧 동면 행정복지센터에 도착했다. 12시, 18.3km 지점이다. 1077번 지방도 노포사송로길은 다방교 앞 사거리에서 우회전하면 양산 시청으로 가는 길이고 사거리를 건너면서 청운로靑雲路 길로 옮겨가게 되었다. 양산시 물금읍으로 가는 길이다. 잘 다듬어진 대로변 인도에는 철 이른 단풍이 길 나그네를 반겨준다.

한적한 대로에는 오가는 차량도 많지 않고 몸과 마음이 하나가 된 듯한 느낌 속에 가을 햇살이 얇게 비추었다. 발걸음만 옮겨지는 동작이 반복되는 멍한 느낌으로 걷는다. 몸과 마음의 조화가 발걸음을 가볍게 하는 것이다. 쉽게 이어지는 길 찾기가 무거웠던 머리를 가볍게 해주고 있었다.

양산천梁山川 양주교를 건너기 위해 인도를 벗어나 양주교 보행로로 진입했다. 양주교를 지나면 범어초교가 보인다. 범어사는 부산에 있는데, 범어초등학교는 양산 물금에 있다. 범어사가 있는 부산 금정구 일부와 양산 물금읍은 옛적에는 같은 고을이었을지도 모른다. 물금읍에는 범어사 이름의 범어리가 있다.

**청운로의 한적한 찻길과 인도길**

청운로를 따라 계속되는 발걸음은 왼쪽으로 가남초등학교를 보며 새실로를 만나 우회전하게 된다. 새실로를 따라 직행하면 1022번 지방도인 원동로로 연결되어 원동면으로 가는 길이었다. 오른쪽으로 물금중학교를 지난다. 12시 30분, 19.7km 지점이다. 시간이 이렇다면 오늘 원동면까지 갈 수 있을 것이다. 그런데 원동면에 숙소가 있을까? 걱정이 앞섰다. 만일 없다면 물금읍으로 나오면 될 것 아닌가? 이렇듯 답은 언제나 단순하다.

원동면으로 가는 길인 1022번 지방도 원동로를 만나는 학산2리에 원동면 이정표가 서 있다. 15km 거리를 표시한 이정표였다. 15km 거리면 4시간은 부지런히 걸어야 하는 거리다. 그리고 533m 높이의 오봉산五峯山 자락길을 돌고 돌아 오르는 길이다. 잠시 고민 끝에 오늘은 물금읍에서 숙박하고 원동면은 내일 일정으로 미루기로 하였다.

물금읍에는 물금나루가 있었다. 이 물금나루는 낙동강 유역에 있는 낙동나루 등 많은 나루 중에서도 가장 유서가 깊은 나루였다. 낙동강뿐 아니라 우리나라 나루 중 으뜸으로 꼽는다. 그래서 물금나루를 '나루의 뿌리'라고도 한다. 그러나 이 유서 깊은 물금나루터는 1979년에 없어졌다. 낙동강을 사이에 두고 물금나루 건너편이 김해시 상동면 매리다. 옛 영남대로(황산잔도黃山棧道) 길은 이 물금나루를 거쳐 삼랑진으로 간 기록이 있다. 그러면 물금나루 건너편 마을에서는 물금나루를 건너 와서 원동면으로 갔을 것이다. 여기에서 걸음을 멈추고 오늘은 물금읍 행정복지센터 인근에서 숙박했다.

옛 물금나루터

### 오늘의 여정

부산시 동래구 동래읍성~중앙대로 온천장역~두실역~남산역~범어사역~노포삼거리~노포삼송로~동면 행정복지센터~다방교~청운로 양주교~양산시 물금읍 행정복지센터

출발:   부산시 동래구 동래읍성 오전 7시
도착:   양산시 물금읍 행정복지센터 오후 2시

걸은 시간: 7시간
걸은 거리: 23.3km

# 2    소설 <수라도>의 무대인 명언마을과
       자유를 지킨 낙동강을 따라서

**트레킹 2일째:**
**10월 7일. 금요일. 흐린 후 맑음**

원동면으로 가는 1022번 지방도가 오봉산 자락을 돌고 돌아가는 고갯길이 지루하게 이어졌다. 원동면을 거쳐 삼랑진三浪津으로 가는 자동차 도로다. 간헐적으로 오가는 차량 통행이 그나마 지루하고 힘든 고갯길 걷기를 도와주고 있다.

　가을이라 부르기에는 아직 이른 시기임에도 오봉산 자락 산길에는 낙엽이 여기저기 떨어져 뒹굴고 있었다. 이 나무 저 나무에서 낙엽이 떨어지기 시작하면 곧 가을이 무르익어갈 것이다. 가을은 수확의 철이고 수확은 거두어들이는 채움인데 왜 쓸쓸하다고 할까? 이렇게 가을로 접어드는 시기에 좋은 풍광을 안고 걸어가는 몸도 기쁨을 느끼고 있는데, 가을이 쓸쓸하다는 표현은 마음의 이야기이지 몸의 이야기는 아닐 것이다.

　저 앞에서 두 명의 자전거 종주꾼이 힘겹게 페달을 밟으며 뒤뚱뒤뚱거리며 고갯길을 힘들게 올라오고 있었다. 가까이 지나갈 때 '엄지척'으로 응원을 보냈다. 국토 종주의 도구는 달라도 힘들고 고통스러움을 서로는 잘 알고 있는 것이다. 나도, 저 자전거 라이더도 왜 이렇게 힘들게 살고 있나? 육체적 고통을 느낄 때마다 떠오르는 생각이다.

　왼쪽으로는 낙동강이 시선을 맞이하고 있었다. 건너 마을 산과 트레킹 길을 이어주며 잔잔하게 흐르고 있다. 한동안은 이 낙동강을 길벗으로 여기며 가야 할 것이다. 우리나라에서 압록강 다음으로 긴 강으로 강원도 태백 황지黃池 연못에서 발원하여 영남의 중앙 저지를 통해 남해

**낙동강은 우리에게 자유를 선사한 강이다.**

로 빠지는 506km의 강이다. 우리 역사에 중요한 이정표가 서린 강으로 1950년 8월 낙동강 전투에서 55일을 버티어 준 장엄한 결과로 오늘날 우리에게 값진 자유를 선사한 거룩한 강이기도 하다.

    오봉산 산자락 고갯마루 길을 가쁜 숨을 가다듬으며 천천히 내려갔다. 원동면 이정표를 보며 지나가는 완만한 내리막길이다. 자동차도 사람도 보이지 않는 포장길을 혼자 걸어가는 가을이 시작되는 시기다. 왼쪽으로 오봉산 임경대臨鏡臺가 눈앞에 나타났다. 양산 8경 중 7경으로 신라 시대 고운 최치원崔致遠이 낙동강을 유람하다가 임경대의 풍광을 보고 '황산강(黃山江 낙동강의 옛이름) 임경대에서' 라는 시를 짓고 정자를 세웠다.

안개 낀 봉우리는 빽빽하고 물은 넓고 넓은데
물속에 비친 인가 푸른 봉우리에 마주섰네
어느 곳 외로운 돛대 바람 싣고 가나니
아득히 나는 저 새 날아간 자취도 없네.

임경대는 "천하 제일의 거울을 대함과 같다"고 하여 붙여진 이름이다. 마침 개보수 공사 중이라 이 절경을 보지 못함에 못내 아쉬운 발걸음을 돌려야 했다. 저 멀리 커다란 거울 같은 낙동강과 화제리花濟里 평야가 시야에 들어왔다. 원동리 치수장을 막 지나면 왼편으로 아랫벌등과 윗벌등이 있는 화제리 평야를 지나는 낙동강변 길이 있고, 계속 직진하는 길은 화제리를 거쳐 수청리로 이어지는 1022번 지방도 길이다.

화제리(명언마을)는 요산 김정한金廷漢의 단편소설 <수라도修羅道>의 무대가 되었던 곳이다. 수라도는 1969년 6월 <월간 문학>에 발표된 소설로 한국문학상 수상 작품이다. 한민족의 수난의 역사와 함께 시련을 이겨나가는 투쟁의 역사가 담겨 있으며, 가야 부인의 생애를 통해 그와 같은 민족의 삶의 과정을 압축하여 보여준다. 수라도는 교만하고 방자한 인간이 죽어서 가는 악귀의 세계를 일컫는다.

왼쪽 길 화제리 평야를 지나는 강변길을 걸으면 4km 1시간 정도를 단축할 수 있고, 1022번 지방도를 따라가면 수라도의 무대가 되는 화제리 명언마을을 둘러보게 된다. 가능한 지름길을 택하고자 하는 트레커의 심정이지만 그래도 국문학을 전공한 나로서 작품의 무대가 있는 장소를 눈앞에 두고 4km를 더 걷는다 하여 그냥 지나칠 수는 없지 않은가. 그래도 마음 한켠에는 왼쪽 길로 가야지 하는 생각이 남아 있었다. 그만큼 1시간 거리는 긴 거리다. 수라도의 무대가 되는 명언마을을 향해 1022번 지방도로 나아갔다. 명언마을에 이르자 8시 20분, 5.6km 거리다.

**수라도의 무대가 되는 화제리 명언마을**

　마을 입구에는 여느 마을처럼 수백 년의 세월을 이어온 거대한 당나무가 마을을 지키듯 우뚝 서있다. 좁다란 골목길은 정감 가득한 돌담의 모습은 간 곳도 없고, 허물고 깨진 낡은 시멘트 담벼락이 방문객을 맞이한다. 길바닥이 파이고 헤쳐진 쇠락해가는 농촌마을의 전형적 모습들뿐이었다. 어제 걸었던 양산 사송리 아파트단지 공사가 불현듯 떠올라 서글픈 마음에 발걸음을 잠시 멈추었다. 이어지는 마을마다 수라도의 마을임을 나타내는 안내판이 자랑스럽게 서 있다.

　수청리를 지나면 강변길과 다시 만나 원동면으로 가는 길로 이어진다. 낙동강을 가까이 두고 길은 계속되고. 신주막골에서 낙동강과 한동안 멀어진다. 신전, 골안마을, 안주진, 주진마을 들녘 논에는 영글어가는 벼 이삭이 누른색으로 변해가고 있었다. 가을 논에 풍성한 벼들이 익어가는 작은 촌락 마을을 차례로 지나고 심정지마을을 벗어나면 다시 넓은 거울 같은 낙동강을 만나 원동면 행정복지센터까지 함께 갔다.

가을의 환희 금계국

마을길 기슭에는 금계국이 가을을 되새겨주듯 길게 드리워 황금빛 꽃색을 마음껏 자랑하고 있고, 무리 지워진 탱자나무에 무수히 달린 탱자가 누렇게 익어가는 수확의 계절 가을이 성큼성큼 곁으로 오고 있음을 알려주고 있었다.

다시 낙동강이 눈앞에 드리운다. 우리나라의 크고 작은 많은 강 중에서 낙동강과 두만강豆滿江보다 더 애환 담긴 강이 또 있을까? 낙동강은 우리의 자유를 지키고자 수많은 젊은이들의 고귀한 청춘을 받아들인 강이고, 두만강은 새로운 삶의 터전을 찾아 떠난 이들의 눈물을 받아준 강이 아니던가?

"전우의 시체를 넘고 넘어 앞으로 앞으로, 낙동강아 잘 있거라 우리는 전진한다~~~"

낙동강을 발판으로 서울로 전진했던 그날들이 자유를 얻은 날이었다.

"두만강 푸른 물에 노 젓는 뱃사공 흘러간 그 옛날에 내 님을 싣고 ~~~"

많은 눈물들이 더하여 더 푸른 두만강을 만들었다.

하나의 강은 역사적 사실에서, 다른 하나의 강은 민족사적 사실에서 우리 모두에게 애환을 듬뿍 가져다 준 강들이다. 낙동강을 보며 '전우야 잘 있거라'와 '눈물 젖은 두만강'을 소리 내어 부르다보니 나도 모르게 콧잔등이 찡해졌다.

구비구비 돌아가는 자동차길을 따라 고갯마루에서 내려오니 낙동강 휴게소가 보였다. 초가을 날씨지만 낮 시간으로 갈수록 더워지고 있었다. 휴게소에서 잠시 휴식을 취하기 위해 주인장 아주머니에게 인사하며 빈 의자에 백팩을 내려놓으니, 물끄러미 보던 아주머니가 말을 붙인다.

**낙동강 휴게소**

"어느 산을 등산하시기에 그렇게 큰 배낭을 메고 다니시노?"

시원한 그늘 의자에 앉은 값어치로 영남길 트레킹 계획을 이야기 했더니 시원한 음료수 한 병과 어묵 꼬치를 가져다주었다. 정중히 감사드리며 음료수만 받아 마셨다. 지쳐 보이는 내 얼굴과 행동거지에 모성애 보호 본능이 나타난 모양이었다. 길 나그네에게 작은 친절도 때로는 크게 받아들여진다. 3시간 20분 동안 걷기에 첫 휴식이었다.

구비진 내리막길을 돌아 내려오면 잘 다듬어진 원동 매화공원을 지나게 된다. 산자락 도로에 다듬어진 작은 면적에 매화나무가 가지런히 자리 잡고, 야생꽃이 나무 아래 촘촘히 자라고 있었다. 마을에서 멀리 떨어진 곳까지 작은 정원을 꾸미는 원동마을 사람들의 아름다운 마음을 읽을 수 있었다. 농촌 사람들 역시 아름다움을 챙기는 여유를 가지고 있다. 다시 낙동강을 가까이 보게 되고 풍광 좋은 강변 한적한 곳에 새빨간 출입문이 눈길을 끄는 현대식의 단아한 커피숍이 나를 맞이했다. 금요일 오전 시간에 커피숍에는 손님이 없었다. 구석진 한가한 좌석에서 도도히 흐르는 강물을 유심히 바라보며 주문한 커피와 삶은 계란 1개, 쿠키빵 1개, 소시지 1개로 간식을 먹었다.

6시 출발 전 모텔 방에서 아침을, 11시경에 간식을, 2시에 점심을, 그리고 6시경에 저녁을 먹는 트레킹 식사 시간이다. 이렇게 하루에 네 번 나누어 먹는다. 한 번에 많은 양을 먹을 수 없기 때문이기도 하거니와 식사 시간이 곧 휴식 시간이 되기 때문이다.

낙동강 휴게소에서 쉬었기 때문에 바로 일어나 원동면으로 나아간다. 잘 정돈된 인도에는 가을 낙엽이 쌓여가고 한적한 차도에는 지나가는 차도 없는 고요하고 소슬한 가을길을 낙동강을 벗삼아 걸어갔다. 영남길은, 경상도 구간은 낙동강으로 이어지고, 충청도 구간은 3번 국도를 따라 걷게 되는 트레킹이다.

**낙동강을 따라 걷는 영남길**

천태산 천태사 입구

양산시 원동면에 당도했다. 원동역院洞驛과 함께 있는 원동면은 직선 외줄기 중앙도로변에 집들이 나란히 서있는 작은 면소재지다. 모텔도 식당도 보이지 않았다. 11시 10분, 14.5km 지점이다. 이제 낙동강과 다시 떨어진다. 원동면 보건소를 지나 직진하면 69번 국가지방도인 원동로이며 원리로 가는 길이고, 좌회전하면 1022번 지방도를 계속 이어 걷는 천태로 길이다.

천태산天台山 자락의 오르막길이 길게 이어진다. 신곡천 계곡이 길을 따라 계속되고 오르막길의 마지막 고갯길이 천태산 천태사 입구가 된다. 12시 30분, 20.2km 지점이다. 천태산 정상에서 바라보는 낙동강 낙조는 슬프도록 아름다운 모습이라고 알려져 있다.

삼랑진으로 가는 길이 이렇게 오르고 내리며 굽어지고 휘어지는 천태산 자락 길이다. 선불암仙佛岩 고개를 넘어 안태리를 지나 검세리를 거치면 삼랑진읍으로 들어서게 된다. 산자락 길을 벗어나 평지 곧은길이 길게 이어졌고 그 끝자락에 삼랑진역이 있다. 오늘의 트레킹 길은 오봉산, 천태산 자락을 넘어오는 힘들고 지치는 길의 연속이었다. 박목월의 시 '나그네'의 "길은 외줄기 남도 삼백리"가 아니라 "길은 외줄기 고갯마루 고난의 길, 득도의 길"이었다. 2일차 트레킹이었지만 몸은 벌써 지치기 시작하였다. 삼랑진역 앞 모텔에 투숙하였다.

**오늘의 여정**

양산시 물금읍 행정복지센터~원동로~오봉산 임경대~화제리 명언마을~
원동면 행정복지센터~천태산 천태사~안태리~밀양시 삼랑진역

출발:    양산시 물금읍 행정복지센터 오전 6시 40분
도착:    밀양시 삼랑진역 오후 3시 30분

걸은 시간:  8시간 50분
걸은 거리:  30.1km / 누계 53.4km

# 3 　　'영남제일루'의 현판과
　　　　'새마을운동'의 발상지

**트레킹 3일째:**
**10월 8일. 토요일. 맑음**

구름이 없는 맑고 상쾌한 아침이다. 가을이 시작되는 날씨가 어제와 다르게 좋은 기분을 갖게 해주고 가벼운 발걸음으로 아직 어둑한 3일째 트레킹 길은 시작되었다. 삼랑진은 낙동강 하류에서 바닷물이 밀려오고, 낙동강 상류의 강물과 밀양강의 세 물결이 만난다 하여 삼랑진三浪津이라는 지명이 유래되었다.

　삼랑진역과 시가지는 지하차도를 사이에 두고 있다. 예로부터 영남의 동서와 남북을 잇는 교통 요충지였던 삼랑진은 지금도 경부선과 경전선(삼랑진역~광주 송정역)이 만나는 철도와 육로가 사방으로 연결되어 있다. 특히 밀양과 양산을 잇는 도로는 험한 길이다. 삼랑진은 조선 후기 삼랑창이라는 조창漕倉(조세를 보관하고 한양까지 운송하는 기관)이 있었던 곳이다.

　삼랑진역에서 나와 지하차도를 건너면 시가지로 접근하고 이제까지 걸어왔던 원동로 1022번 지방도와 58번 국도가 만나는 지점에서 국도를 따라 오른쪽으로 방향을 잡았다. 삼랑진IC 삼거리에서 밀양 청도 방향이다. 한국 천주교 첫 평신도 순교자 김범우金範禹(토마스)의 묘와 기념 성모동굴 성당이 있는 김범우 성지 안내판을 지나자 미전천美田川 변에 가을을 알리는 코스모스가 이른 아침 햇살에 서로 예쁜 맵시를 뽐내고 있다.

　트레커를 반기는 듯 가을바람에 살랑살랑 고갯짓을 하는 기분 좋은 아침 길이 코스모스와 한동안 길게 이어졌다가 점점 오르막길로 접어들면서 아쉬운 마음이 가득한 채 코스모스 꽃길과 헤어지게 된다.

　2차선 국도를 따르면 울산 미전농공단지를 지나게 되고, 바쁘게 드나들어야 할 차량들이 없는 단지 입구는 한적하였다. 지난 2년 동안 코로나19 사태로 경제 활동이 많이 위축되었구나 하는 안타까움이 떠올랐다. 이제 점차 굽어지며 휘어지는 오르막길이 이어진다. 대미공단을 지나고 새나루고개에 이르면 삼랑진읍이 길 아래 길게 늘어서 있다. 도로 중간중간 굽어진 산마루를 잘라내는 공사로 대형 덤프트럭들이 쉬지 않고 오간다. 좁은 2차선 길이라 여간 조심스럽지 않다. 길 가장자리에 걷다 섰다가를 반복하며 고갯길 정상에 이르렀다. 8시 10분, 6.3km 거리다.
　긴 재나루 고개를 지나 이제 내리막 굽은 길이 시작되었다. 어제에 이은 오늘도 오르막길이 이어진다. 굽이길 꼭대기에서 긴 호흡으로 가쁜 숨을 가라앉힌다. 길옆에는 가을을 알리는 코스모스가 만발하고 들녘에는 누런 벼가 점차 고개를 숙이기 시작하고 있었다. 용성리를 지나 용성 보건소에 도착했다. 58번 국도를 계속 걸으면 밀양읍으로 연결되는 길이지만 금곡리에서 금곡 터널을 지나야 한다. 터널을 통과하면 짧고 빠르게 밀양읍에 도달할 수 있으나 배기 먼지와 좁은 인도 때문에 위험성이 많은 터널 길이다.
　임천 교차로에서 58번 국도를 벗어나 삼랑진로를 따라 걸으면 금곡터널을 벗어나 남포동으로 쉽게 갈 수 있는 길을 만날 수 있다. 나는 이보다 빠른 청학 2길 네거리에서 국도를 벗어났기 때문에 삼랑진로를 잃어버리고 임천로를 따라 임천리 금곡마을까지 갔다. 이 금곡마을에서 삼랑진로를 찾기가 쉽지 않았다. 금곡 새마을회관 주위를 돌고 돌아도 길을 물어볼 마을 사람을 만나지 못하고, 구글 지도 맵을 들고 금곡리 마을을 돌고돌아 가장 가까운 표시 지점에는 마을 끝자락에 나무 계단길만 있을 뿐 삼랑진로로 연결되는 길은 맵에 나타나지 않았다.

마을회관에 노인이라도 있을까 싶어 다시 되돌아가는 중에 잠시 마을에 들른 금곡리 주민을 만났다. 남포동 가는 길을 묻자 곧바로 일러준다. 마을 끝자락에 있는 나무 데크길로 올라가면 바로 만나게 된다고. 구글 맵을 들고 나무 계단 앞까지 두 번이나 돌았음에도 구글 맵은 이 나무 계단을 길로 인식하지 않았던 것이다. 이때 내가 귀인을 만나지 못하였다면 하는 생각이 들자 등에서 진땀이 배어 나왔다. 이렇게 트레킹 여정에는 중요한 때에 길을 찾아주거나 안내해주는 귀인을 가끔 만나게 된다.

스페인 산티아고 순례길에서부터 국내 트레킹에 이르기까지 여러 차례에 걸쳐 귀인들의 도움을 받았다. 진정 감사한 일이다. 이때 귀인을 만나지 못하였다면 금곡마을을 돌고 돌다가 결국 58번 국도 금곡터널 안으로 걸어갈 수밖에 없었을 것이다. 지도 앱에만 너무 의존하여 나무 계단을 올라갈 생각도 하지 못한 것이 가장 큰 실수였다. AI에 너무 의존해 가는 생활에 깊은 염려가 들 수밖에 없었다.

만일 지도 앱이 애초부터 없었더라면 그 나무 계단을 올랐을지도 모른다. 앞으로 더 많은 분야에서 AI가 우리 삶에 깊이 들어올 것이다. 그렇게 되면 우리 삶이 AI에게 지배를 받을 날이 오지 않을까? AI 시대에 살아남는 방법은 무엇인가? 공감 능력과 창조적 파괴 능력이라 하는데… 아! 지친 팔다리에 머리까지 무거웠다.

독자들은 이 길을 걸을 때 필히 청학2동 사거리를 지나 임천 교차로에서 58번 국도를 벗어나 삼랑진로 길을 찾아 따라 걷기를 바란다. 겨우 찾은 삼랑진로를 따라 남포동 교차로에서 국도를 다시 만난다. 밀양 남포동이었다. 이제까지 낙동강이 길벗이었다면 지금부터는 밀양강

남포나루가 있던 남포동 앞 밀양강. 해방 전후만 해도 주막이 있었다 한다.

이 새로운 길벗이 될 것이다. 이윽고 남포나루에 이르렀다. 옛 영남대로의 주요 길목으로 큰 포구의 하나였지만 지금은 강 사이사이에 우거진 나무들과 흙무덤들이 이리저리 흩어져 있다. 마치 버려진 하천으로 전락한 듯하여, 번성했던 나루의 옛 영화는 간 곳 없이 사라진 모습에 못내 아쉬운 마음이다.

밀양시 삼랑진읍 검세리에 있는 작원마을에 조선 시대 동래에서 한양 도성으로 가는 군사 요새인 작원관鵲院關이 있었다. 천태산天台山 줄기 밑 낙동강 절벽을 방패 삼은 천혜의 군사 요충지였다. 문경 조령과 함께 영남대로의 2대 관문이었는데 지금은 KTX가 개설되어 양산 물금읍 인근의 황산잔도黃山棧道와 함께 이곳의 작원잔도도 사라져 옛 영남길은 없어졌다.

남포동에서 다시 국도 58번을 만나고 계속 직진하면 밀양역을 보게 된다. 밀양 시가지 가곡중앙로를 따라 용두교를 건너면 밀양강으로 둘러싸여 있는 섬 아닌 섬의 삼문중앙로로 트레킹 길은 이어졌다. 현재 가곡중앙로가 된 가곡동은 밀양 강변의 기름진 넓은 평야지대로 예로부터 부자들이 많이 살았던 곳이기도 하였다.

　다시 남천강南川江을 건너는 제일교 넘어 오른쪽에 밀양강을 내려다보는 풍광 좋은 높은 절벽 위에 영남루嶺南樓가 우뚝 서 있다. 조선 시대 밀양군 객사였던 밀양관密陽館의 부속 건물로 밀양강 절벽 위에 선 2층 누각의 팔각지붕이다. 영남루는 예로부터 진주의 촉석루矗石樓, 평양의 부벽루浮碧樓와 함께 우리나라 3대 누각의 하나로 꼽히고 있다. 1963년에 보물 제147호로 지정되었다가 2023년 12월에 국보로 승격되었다.

밀양 영남루

신발을 벗고 본루本樓에 오르면 기둥이 높고 기둥 사이의 간격이 넓어 발아래 굽이 흐르는 밀양강을 한눈에 내려다 볼 수 있다. 시원한 강바람이 사시사철 불어와 나그네들의 땀을 씻어준다. 명필가와 석학들이 썼다는 많은 편액들이 사방에 걸려 있지만 단연코 눈길을 끄는 것은 대청마루 위에 걸려 있는 이증석李憎石의 '嶺南第一樓'(영남제일루) 편액이다. 그가 11살 때 썼다고 전해진다.

시원한 강바람과 밀양강을 끼고 도는 자연 풍광에 취해 기둥에 등을 기대고 두 다리를 펼쳐 뻗고 세월에 몸을 내맡기고 있으니, 시원한 강바람에 오장육부가 세척되고 머릿속에 남은 찌꺼기도 말끔히 날아간 듯하였다. 넋을 놓은 듯한 자세에 곁에 선 관광객이 물끄러미 나를 쳐다본다. 발걸음을 떼어 놓기가 참으로 아쉬운 시간들이다. 조금만 더 쉬고 가면 좋으련만, 무엇이 나를 이토록 바쁘게 채근하는가?

밀양은 아리랑의 고장으로도 유명하다. 밀양 아리랑은 경상도 지역의 대표적 민요로 세마치 장단에 경쾌한 리듬이 특징이기도 하다. "날좀 보소 날좀 보소 날좀 보소, 동지 섣달 꽃본듯이 날좀 보소. 아리아리랑 스리스리랑 아라리가 났네 아리랑 고개로 날 넘겨주소~~~"로 시작되는 밀양 아리랑은 민족의 한을 담은 아리랑이다.

배경이 되는 전설은 '아랑설화阿娘 說話'다. 조선 명종 때 밀양 부사에게 아랑이라는 딸이 있었다. 한 관노가 아랑의 얼굴에 반해 사모하게 되었다. 어느 날 관노가 침모를 시켜 아랑을 영남루로 유인하였다. 아랑이 누에 올라 달빛에 취해 있을 때 관노가 나타나 사랑을 고백하고 말을 듣지 않으면 죽이겠다고 협박했다. 하지만 아랑이 저항하자 죽이고 시체를 유기했다. 딸을 찾지 못한 부사가 한양으로 올라간 후부터 새로 부임하는 부사는 원인 모르게 급사하는 일이 되풀이되었다. 그러다가

담이 큰 부사가 부임하여 아랑 귀신을 만나 자초지종을 알게 되고 죄인을 찾아 처벌하여 아랑의 원한을 달래 주었다는 이야기다.

아랑의 정절을 기려 밀양의 부녀들이 부르던 노래가 '아랑가'였으며, 그것이 변하여 밀양 아리랑이 되었다. 지방마다 많은 아리랑이 있지만 대표적인 아리랑으로는 가장 오래된 강원도 정선 아리랑과 밀양 아리랑 그리고 진도 아리랑이 우리나라 3대 아리랑으로 꼽힌다.

영남루에서 지체된 트레킹은 발걸음을 재촉했다. 밀양 시청 앞에서 25번 국도를 따라 교동 사거리를 지나고 교동 교차로 진입 전에 1번 지방도 안일로로 옮겨 걸었다. 길옆에는 장미 덩굴이 가로수를 따라 길게 이어져 있고. 아직 성목이 되지 않은 장미나무에는 이따금씩 피어난 장미꽃이 지친 나그네의 마음을 보듬어주었다. 언젠가는 화사하게 활짝 피어날 새빨간 장미꽃을 그리며 등에 멘 백팩을 다시 추슬렀다. 밀양강을 건너는 안인교安仁橋를 지나 25번 국도를 다시 만나고 이어 상동면 행정복지센터에 도착했다. 오후 2시 50분, 29km 지점이다.

외줄기 국도를 따라 상동교를 지나면 경상남도와 경상북도 경계 지점에 도착했다. 옥산 관마을에서 25번 국도는 청도로 향하고 58번 국도는 오른쪽으로 매전면으로 향한다. 25번 국도를 따라 청도읍으로 갔다. 청도는 "산과 시내가 맑고 아름다우며 큰 길이 사방으로 통한다"는 '산천청여 대도사통山川淸麗 大道四通'에서 이름이 유래하였다. 청도읍 신도리에는 새마을운동 발상지를 기념하는 새마을운동 발상지 기념공원이 왼쪽 어깨 너머 건너편에 있다.

1970년대 낙후된 한국의 농촌을 근대화시키는 지역사회 개발운동인 정부 주도의 새마을운동이 청도군 신도리에서 먼저 시작된 것은 우연한 경우였다고 한다. 신도마을은 술주정뱅이, 노름꾼, 한량이 없는 3무三無의 부지런하고 성실한 마을이었다. 어느 해 홍수가 져서 큰 피해

새마을운동 발상지 기념관

를 입었고, 이에 신도마을 주민들은 마을 피해 복구에 전력을 다했다. 그때 홍수 피해 복구를 독려하기 위해 기차를 타고 부산으로 가던 박정희 대통령이 이 모습을 목격하고 영감을 얻어 전국적인 농어촌 근대화 작업인 새마을운동을 전개하였다. 이를 기념하여 신도리에 기념공원을 조성하여 역사적 사실로 남기게 되었고, 옛 신거역新巨驛에는 당시 타고 갔던 대통령 전용 열차가 복원되어 있다.

어릴 적에 자란 시골 고향의 옛 모습을 떠올리며 지금의 내 고향만 아니라 트레킹을 하며 돌아본 우리나라 방방곡곡 각 지역의 발전된 모습을 되새겨본다. 새마을운동 물결의 도도한 흐름을 이어갔던 부모님 세대에게 고개가 저절로 숙여졌다. '잘 살아보세'라는 절실함이 압축된 노래가 지금도 마음에 살아있음을 느꼈다. 합심일체合心一體의 의식과 행동이 함께 어우러진 이 운동의 성공으로 우리는 이렇게 빠른 기간에 배고픔을 면하고, 이제는 당당하게 선진국 대열에 합류할 수 있었다. 그것의 출발점이 된 작은 마을이 새삼스럽게 크게 보였다.

조국이란 무엇인가? 국가란 무엇인가?를 생각하며 걷다 보니 청도읍 원리에 도착하였다. 오늘 도착지 청도읍에서 숙박하기로 했다. 청도는 조선 후기까지 영남대로의 중요 길목이었다. 원리에서 청도읍까지 오는 중에 택시기사가 이렇게 말했다.

"트레킹은 발끝에서 머리끝까지 건강한 사람만이 할 수 있지요."

그 말에 내가 되물었다.

"발끝은 이해가 되는데, 머리끝까지라는 말은 이해가 잘 되지 않습니다."

"아, 트레킹에 나서려는 생각이 트레킹 못지않게 어렵고 힘든 일이라는 뜻입니다."

"네, 듣고 보니 그러네요, 감사합니다."

---

### 오늘의 여정

밀양시 삼랑진역~미진 논공단지~재나루고개~용성보건소~남포동
남포나루~영남루~교동교차로~상동면 행정복지센터~청도군 청도읍 원리

출발:    밀양시 삼랑진역 오전 6시 20분
도착:    청도군 청도읍 원리 오후 5시 10분

걸은 시간:   10시간 50분
걸은 거리:   38.3km / 누계 91.7km

# 4  동심초는 꽃인가 풀인가?

**트레킹 4일째:**
**10월 9일. 일요일. 비 흐리고 비**

내리다 그치기를 반복하는 빗속에서 어제 도착한 원리에서 트레킹은 이어졌다. 비옷과 우산을 펼쳤다 접었다를 반복하며 청도읍을 향해 걷는 아침 길은 제법 쌀쌀하다. 청도에서 대구로 가는 길은 남성고개를 넘어 남천을 지나 경산을 거쳐 대구로 가는 길이 있고, 지금 가는 팔조령八助嶺을 넘는 길이 있다.

25번 국도길은 비교적 차량 통행이 적었다. 월곡리를 지나 월곡 삼거리에서 국도와 헤어지고 청도 군청으로 향하는 지방도를 걸었다. 청도에는 청도반시淸道盤枾라는 감 특산품이 있다. 씨가 없을 뿐 아니라 단맛이 뛰어나고 감의 모양이 여느 감과 달리 쟁반처럼 납작하다 하여 반시라 불린다.

청도는 새마을운동 발상지뿐 아니라 전국적으로 잘 알려진 청도 소싸움으로도 유명한 곳이다. 소싸움은 민속 경기에 포함되어 있고 상당히 많은 팬을 확보하고 있다. 소싸움 경기는 청도, 진주, 의령, 보은, 전주 등 전국 11곳에서 매년 개최되고 있으나 그중 청도 소싸움이 전통과 규모에서 가장 크다. 체급별로 갑 801kg 이상, 을 701~800kg, 병 600~700kg의 엄격한 체중 등급으로 나누어 시행되며 대회 장소에 따라 백두급, 한강급, 태백급 등의 명칭으로 불린다.

사람의 기술이나 조언 등이 개입되지 않고 순전히 소의 힘으로만 이루어진다. 소가 스스로 터득한 뿔걸이, 목감기, 어깨감기 등의 싸움 기술로 짧게는 30초에서 늦으면 30분까지 지속되는 강한 근육과 지구

력에서 최종 승패가 난다. 그만큼 지극히 원시적이고 자연스런 동물의 힘겨루기 시합이라 할 수 있다. 두뇌를 쓰지 않는 단순한 시합으로 서로 부딪치며 힘을 겨루다가 스스로 힘이 딸린다고 느끼면 그냥 꽁무니를 뺀다. 그렇게 자기 몸을 보호하기 때문에 정작 소는 다치지 않는다.

황소는 힘이 들면 움직이지 않는 동물이다. 이때 아무리 채찍질을 해도 꿈쩍하지 않는다. 특히 소싸움을 준비하는 훈련 과정에서 열심히 훈련에 임하다가도 힘들어지고 한계점에 이르면 어느 순간에 꿈쩍하지 않는다고 한다. 그래서 '황소 고집'이란 말이 생겼다. 원시적인 동물들의 타고난 본능에 따른 힘자랑을 오랜 기간을 두고 전통 민속 게임으로 발전시켜 오늘에 이른 것이 소싸움 경기다.

간교한 인간이 동물(소)을 가지고 온갖 유희적인 동작과 기교로 관중에게 즐거움을 주기 위해 지치고 지친 소의 등에 창을 찔러 죽임으로써 끝을 맺는 서양의 투우와 우리의 전통 소싸움과는 그 성격이 사뭇 다르다. 투우의 하이라이트는 빨간색 깃발로 소를 요리하는 마지막 투우사인 마타도르Matador에게 집중되지만 사실은 3명의 투우사의 합작 놀이이다.

투우 소가 이 마타도르에게 인계되기까지는 학대적이고 잔혹한 과정을 거친다. 가장 먼저 등장해서 창으로 소의 목등을 찔러 어느 정도 힘을 빼는 역할을 하는 피카도르Picador가 있고, 뒤이어 말을 타고 긴 창으로 소를 그로기 상태로 몰아가는 반데이예로Bandeillero가 있다. 반데이예로에게 지칠 대로 지친 소는 마지막에 마타도르에게 인계되어 관중을 유혹하는 기교로 이미 지쳐 있는 투우를 유희하다가 마지막으로 투우의 목등으로 통하는 급소를 찔러 죽인다. 이토록 잔인한 놀이가 '투우'라는 미명으로 이제까지 내려온 것이었다. 다행히도 요즘에는 투우장에 오는 관중이 많이 줄었고 동물 학대 논란이 격해지면서 투우

**청도의 상징 소싸움 경기**

경기도 많이 없어졌다고 한다.

　우리나라에서도 소싸움에 대한 학대 논란이 일어나 '소싸움'을 '소 힘겨루기'로 이름을 바꾸었다. 그러나 애초부터 소싸움이 아니라 소 힘겨루기였다. 싸움이었다면 싸운 소들은, 특히 패배한 소는 피를 흘리거나 다쳐야 하는데 우리나라 소싸움 놀이나 경기에서 피를 흘리거나 다친 소를 본 적이 없었다. 그 이유는 마지막에 상대에게 힘에 밀린다는 사실을 느끼는 순간 재빨리 피하여 도망가기 때문이었다. 동물이라 하여 미련하지 않다. 어쩌면 우리 인간이 더 미련한 것인지도 모른다. 분수없이 자기 힘 이상을 쓰려고 하는 일이 비일비재하지 않는가?

　고수리를 지나고 청도 군청을 지나 범곡리 범곡 사거리에서 다시 20번 국도를 만나 동상리 서상 삼거리에서 유동교를 건넜다. 연꽃 연못으로 유명한 유등지柳等池(柳等蓮池)는 여름에 만개하는 연꽃뿐 아니라 연못 위에 떠 있는 군자정君子亭이 넓은 연못에 비친 푸른 하늘과 한데 어울려 아름다운 풍광을 자아내고 있었다.

조선 시대 모원慕園 이육李陸 선생이 무오사화로 잠시 청도에 은거할 때 신라지新羅池라고 불리던 못을 깊이 파고 넓혀 연꽃을 심고 군자정을 세워 유호연지柳湖蓮池라 불렀던 곳이다. 탁 트인 푸른 하늘과 연못 끝에서 불어오는 시원한 바람으로 '전국 명승지 100선' 중 한 곳으로 꼽히기도 한다.

유등리를 지나면 양원리에서 다시 30번 지방도를 만나고 한국코미디타운을 지나고 폐교된 칠곡초등학교를 리모델링한 청도박물관을 지났다. 목림교차로에서 오른쪽으로 갈라지는 팔조령八助嶺 고갯길로 접어들었다. 10시 35분, 14.5km 지점이다.

청도군 이서면과 대구시 가창면을 경계 짓는 팔조령은 고개 아래 팔조령 터널이 생기기 전에는 대구와 청도를 잇는 교통로이자 영남길의 첫 고갯길이었다. 조선 시대 청도에서 대구로 가기 위해서는 각각 고개를 넘는 두 길이 있었는데, 하나는 남성고개를 넘어 남천~경산~대구로 가는 길이고, 다른 하나는 지금 넘고 있는 팔조령을 넘는 길이다. 옛날 팔조령은 고개가 높고 험해서 도둑들이 들끓어 이 고개를 넘어가는 사람이 적어도 8명은 되어야 넘었다고 하여 붙여진 이름이다. 가끔씩 지나가는 차량과 자전거 라이더를 제외하면 고요하고 한적하여 적막감이 도는 고갯길이었다.

지난 3일 동안의 트레킹이 산마루 길과 국도를 따라 걷는 힘들고 지루한 고난의 길이었다면 팔조령의 고갯길은 철 이른 단풍이 곱게 물들기 시작하고 가을 야생꽃들이 길을 수놓고 야생초가 풀잎을 맞잡고 엉키어 길을 만들어주는 멋진 길이기도 하다. 굽이굽이 도는 길목에는 저 멀리 가을 농촌 정경이 두 눈을 사로잡았다. 자연은 배신을 하지 않으

**팔조령에서 내려다 본 청도. 농촌 들판이 황금빛이다.**

며 실망시키는 법이 없다. 자연의 모습 그대로를 보여준다.

    청도 기독교 111주년 기념비를 지나 고갯길을 돌고 돌아 팔조령 고개 마루를 넘자 대구광역시 달성군 가창면으로 내려가는 길이 펼쳐진다.

    어제까지 아파오던 고관절, 허리, 어깨에서 뿜어내는 통증이 강해지기 시작하였다. 아마 내일이 최고의 통증을 몰고 올 것이다. 첫날에 있었던 종아리와 발목의 통증은 이제 사라지고 없었다. 몸의 각 부위가 통증을 보내기 시작하는 것은 몸이 소리를 내는 것이다. 몸의 불편함을 토로하는 것이기에 귀를 기울여야 한다. 트레킹에서 일어나는 몸의 이야기를 들어주며 걸어야 하는 시간이 시작되는 것이었다. 긴 트레킹에서 언제 육체적 고통 없이 끝난 적이 있었던가? 그래도 통증은 고통이다. 삶이 언제나 고통 없는 절정에 있기가 쉬운가? 부족하기도 하고 넘치기도 하는 것이다. 그러므로 지금 이 순간에 감사해야 한다.

혼자 고즈넉하게 초가을 정취를 흠뻑 즐기며 팔조령 고갯길로 올라갔다. 굽이굽이 휘돌아 가는 고갯길에는 오가는 사람이 없다. 기독교 111주년 기념비 앞에서 만난 자전거 라이더 3명과의 잠시 담소가 지난 3일 동안 트레킹에서 조우한 사람의 전부였다.

8명이 모여야 넘을 수 있었던 팔조령의 위세는 좁은 폭에 포장이 잘되어 여느 동네 마을 고개 같은 느낌이다. 그러나 긴 오르막이 굽어지면서 가쁜 숨은 그쳐지지 않았다. 통증이 간헐적으로 일어나도 발걸음을 멈출 수 없었다. 힘들게 올라온 고갯마루 정상에서 야생초 풀밭에 털썩 주저앉았다. 가쁜 호흡을 고르고 고요한 가을 하늘을 응시하며 길가에 흐드러진 야생초들을 바라보고 있노라니, 얽히고설킨 풀잎 끝이 서로 감싸며 다툼 없이 자라고 있었다.

맑은 하늘에는 흰 조각구름들이 움직이는 듯 움직이지 않은 듯 여유롭게 흘러간다. 물끄러미 바라보는 야생풀 잎이 아직도 생기가 남아 있었다. 그러나 곧 겨우살이 준비에 들어가야 할 것이다. 각각 가지고 있는 고유의 이름을 불러주지 못하니 야생초라고 부를 수밖에 없다. 야생초! 아주 오래 전에 겪었던 이야기가 아득히 떠올랐다. 유명한 가곡에 나오는 '동심초'同心草가 풀이냐, 꽃이냐?는 논란이었다.

"잘은 모르지만 야생초의 한 종류이겠지."

힘주어 말하는 한 친구의 말에 그 당시에 우리들은 입을 열 수 없었다. 그렇게 해서 동심초는 야생초의 한 갈래로 내 머릿속에 저장되어 내려왔었다. 그리고 시간이 꽤나 흐른 뒤 동심초는 야생풀이 아닌 사랑하는 정인(情人 연인, 동심인)과 헤어져 다시 만날 날을 기약할 수 없는 안타까운 여인의 애절한 심정을 노래한 당나라 여류 시인 설도薛濤의 한시 '춘망사'(春望詞: 봄날의 소망)의 4수 중에 3수를 김소월의 스승 김억金億이 우리말로 번안한 것이라는 사실을 알게 되었다.

중국의 황진이라 불릴 수 있는 기녀이자 시인인 설도는 유명한 시인들인 백거이, 원진, 유우석, 두목 등과 교류하며 창화(唱和: 시와 노래로 화답함)를 하는 문장력과 노래 실력이 뛰어났다 한다. 5언 4행 20자로 이루어진 춘망사의 3수는 다음과 같다.

風花日將老 풍화일장로
佳期猶渺渺 가기유묘묘
不結同心人 불결동심인
空結同心草 공결동심초

직역하면

꽃잎은 바람에 날로 시들어가고
아름다운 기약은 더욱 아득하기만 한데
한 마음 그대와 맺지 못하고
공연히 동심초만 맺고 있다네.

이 20자 한시를 김억은 1934년에 1절을 번안했다.

1.
꽃잎은 하염없이 바람에 지고
만날 날은 아득타 기약이 없네.
무어라 맘과 맘을 맺지 못하고

한갓되이 풀잎만 맺으려는고
한갓되이 풀잎만 맺으려는고.

그리고 9년이 지난 1943년에 같은 한시에서 2절을 덧붙였다. '동심초'라는 제목은 이 한시에서 따온 것이다.

2.
바람에 꽃이 지니 세월도 덧없어
만날 길은 뜬 구름 기약이 없네
무어라 맘과 맘을 맺지 못하고
한갓되이 풀잎만 맺으려는고
한갓되이 풀잎만 맺으려는고

1, 2절의 동심초가 번안되자 작곡가 김성태가 1945년에 곡을 붙여 유명한 '동심초同心草 The green of the same heart'라는 가곡이 탄생하였다. 가곡은 시에 곡을 붙인 음악으로 Art Song이라 불린다. 20자의 한시를 이렇게 빼어난 가곡으로 만들게 하는 시란 무엇이며, 시인과 작곡가는 어떤 사람들인가?

발아래 가지런히 누워있는 야생초를 쓰다듬어주고 다시 길을 나섰다. 헤어진 사람을 그리워하는 애절한 마음을 새기면서 아무도 오가는 이 없는 한적한 팔조령을 내려오며 노래를 불렀다. 정인을 기다리며 그리워하는 여인 설도의 심정으로.

"꽃잎은 하염없이 바람에 지고~~~"

흐린 날씨는 계속되고 단풍잎이 물들기 시작하는 청아한 길을 고요 속에 빠져 소리 없는 세상도 있다는 착각에 젖어든다.

팔조령 고개 내리막길을 걸으면 대구시 가창면에 이른다.

길옆 높은 언덕에 자리 잡은 팔조령 휴게소에는 가을날 주말을 즐기는 젊은 쌍들이 창가에 둘러앉아 있다. 무거운 백팩을 메고 힘들게 걷는 나를 내려다보고, 나는 한없이 부러운 젊음을 올려다본다. 젊음은 아름다운 것이다. 무거운 몸에 덧없이 지난 세월에 대한 울적한 심정으로 발걸음은 더 무거워졌다. 나에게도 저런 아름다운 젊은 날이 있었던가? 내리막 끝자락 길 마을 어귀에는 가을을 부르는 석류의 외침이 가득하고, 농익게 익어가는 붉은 감이 가을을 빨리 오라고 채근하고 있었다.

**가을을 부르는
석류의 외침**

팔조령 끝자락 길은 대구시 달성군 가창면 삼산리로 연결된다. 오후 1시이고 21.2km 지점이다. 다시 30번 지방도를 만나고 옥분리, 대일리, 냉천리의 지루하고 단조로운 길을 한참 걸어 에코테마파크 대구 숲을 지나 가창면 행정복지센터에 이르렀다. 길거리 가게에 많은 사람들이 모여 있었고 가게 앞에는 흰 증기가 뿜어 나오는 찐빵과 만두가 줄 선 사람들에게 끊임없이 전해지고 있었다.

행정복지센터 도로 양편 100m에 가창 찐빵 거리가 형성되어 대구와 청도를 오가는 사람들의 간식거리로 호평을 받는다. 달성군의 새로운 명물거리로 자리 잡은 가창의 대표적 먹거리인 옛날 찐빵과 손만두가 모두 수작업으로 만들어진다.

가창 찐빵 거리

가창면 행정복지센터에서 직진하면 11번 신천대로로 연결된다. 그러나 이 길은 자동차 전용도로다. 가창교嘉昌橋를 건너 파동로로 접어들어 진행하면 파동교巴洞橋 사거리를 지나고 수성구 수성못 오거리에 이른다. 수성구 파동은 1957년에 대구로 편입되었는데, 옛 파동에는 마방이 있었다는 사실로 보아 교통의 요로였다고 할 수 있다. 우회전하면 수성못으로 가는 길이지만 직진하여 신천동로 길로 갔다. 잠시 후 수성구 상동 상동교上洞橋에 당도했다. 드디어 대구로 들어온 것이다. 오늘의 도착지다.

　경상도 사람들에게는 문둥이라는 별칭이 있다. 흔히 말하는 '문둥이 자식들'이다. 이 별칭은 문동文童에서 유래하였다는 이야기다. 문동, 즉 글공부하는 아이들이 많다는 뜻이다. 옛날 글공부의 목적은 과거에 급제하여 입신양명하는 것이었다. 조선 시대 영남에서 한양 과시장 길이기도 한 영남길은 부산 동래에서 출발했다. 양산 물금에서 오봉산 자락을 넘어 원동면에 이르고 천태산 자락을 넘어 삼랑진 그리고 다시 삼랑진의 새나루 고개, 용산동 고개를 넘어 밀양에 이르고 청도읍에서 팔조령 고갯길을 넘어야 대구에 이른다.

　이 과거길은 문경에서 문경새재라는 큰 고갯길을 또 넘는 힘든 길이기에 경상도 문동들은 높은 고개가 많은 과거길이 얼마나 험난하고 고통스런 길이었을까. 그것을 잘 알기에 두 번 낙방하지 않으려고 각고의 노력을 하였으리라. 지난 4일의 여정이 이와 같이 참으로 힘든 트레킹 트레일이었다.

**오늘의 여정**

청도군 청도읍 원리~청도군청~유동교~양원리~팔조령~삼산리~달성군 가창면 행정복지센터~대구시 수성구 상동교

출발:　　　청도군 청도읍 원리 오전 6시 40분

도착:　　　대구광역시 수성구 상동교 오후 5시 10분

걸은 시간:　10시간 30분

걸은 거리:　걸은 거리 35.1km / 누계 126.8km

영남
길

2

문경시 위생매립장

대구광역시 수성구 상동교

# 5. 삶과 죽음이 오간 다부동 전투

**트레킹 5일째:**
**10월 10일. 월요일. 맑고 흐림**

지난 4일의 트레킹은 산 고갯길을 넘고 넘는 단조롭고 힘든 길이었다. 대구는 분지이며 예전에는 호수가 대부분이어서 호수처럼 보였다. 그래서 각종 새가 많이 살았는데, 특히 닭과 물닭들이 많이 살았다. 그래서 대구의 옛 이름이 '달구'가 된 것이었다. 지금도 지역 노인들은 병아리를 달구새끼라 한다.

대구의 지역 명산인 팔공산八公山은 삼국 시대부터 '아버지의 산父嶽' 또는 '중심이 되는 산中嶽'으로 신성시 여기며, 하늘에 제사를 지내던 산이었다. 새들이 많이 살아 '꿩산'이라고도 했다. 꿩산이 신라 말에서 고려 초에 지명이 한자로 바뀌는 과정에서 '공산公山'이 되었다. 그 후 고려 태조 왕건이 후백제 왕 견훤과 공산 일대에서 전투를 벌이게 되었는데, 이때 전사한 8명의 고려 장군을 기려, 이름을 팔공산으로 바꾸었다.

팔공산은 봉황의 모습으로 대구 분지를 감싸는 대구의 진산이다. 예로부터 불교문화의 중심지여서 동화사, 은해사, 선본사, 송림사, 파계사, 부인사, 환성사, 거조사, 관암사, 관음사, 삼존석굴사(제2 석굴암) 등 많은 사찰들이 산재해 있다.

오늘은 대구 시내를 관통하여 칠곡까지 가야 하는 일정이다. 높낮이가 적은 평지 길을 걷는 것이기에 한결 마음에 여유가 생겼다. 상동교에서 트레킹이 시작되었다. 우리나라 3대 도시인 대구 시내를 지나가는 길이다. 중동교를 지나 중앙대로로 나온 후 반월당半月堂 사거리를 지나 약령시장藥令市場에 이르렀다. 약전골목이라고도 불리는 약령시장은

**대구 약령시장**

조선 후기 효종 시대인 1658년에 개설되었다. 그때는 해마다 음력 2월과 10월에 남문 안 객사 근처에서 10~20일 동안 열렸다 하고 8.15 광복 후 얼마 동안까지는 봄, 가을에 연 계절 시장이었으나 현대에 이르러 상설시장이 되었다.

약전골목이라면 길가에 한약재를 흐트러놓은 난전의 이미지가 떠오르지만 약령시장은 동서로 길게 뻗은 길에 깨끗하고 단출한 2~3층 건물 안에 정돈이 잘된 약재들이 손님을 부르는 곳이다. 구수한 한약재 냄새가 지친 몸을 어루만져 주는 듯하여 깊은 숨을 들이켰다. 구수하고 쌉쌀한 한약 한 사발을 꿀떡꿀떡 들이킨다면 축 처진 무거운 몸이 새털처럼 가벼워 달려갈 수도 있을 것 같았다.

'그래, 이 트레킹이 끝나면 바로 보약 한 재를 먹어야지.'

약령시장을 벗어나 달성공원으로 향했다. 신라 시대에는 달불성達弗城 또는 달구화현達句火縣이었던 대구가 지금의 이름으로 바뀐 것은 신라 경덕왕 때인 737년이라 한다.

**달성공원 정문**

달성공원은 대구 도심 중심부에 있어 접근이 편하다. 희귀 수목과 조경수로 꾸며진 도심 근린공원으로 대구 시민들의 사랑을 받는 산책 공원으로 유명하다. 달성은 달서천達西川 중류 서쪽에 형성된 낮은 구릉 지대를 이용하여 삼국 시대에 쌓은 성곽이었다. 원래는 토성土城으로 삼한 시대에는 달불성으로 불리었다. 9시 10분, 7.5km 거리다.

달성공원을 나와 5번 국도를 따라 서대구 고속버스터미널을 만나고 좌회전하여 금호강을 건넜다. 대구를 안고 흐르는 금호강琴湖江은 포항 북구 중장면 북부에서 발원하는 자양천紫陽川을 비롯한 고촌천古村川 등 여러 하천이 영천에서 합류하여 천천히 흐르면서 경산시를 경유하고 대구로 들어온다. 북쪽으로 완만하게 휘어져 흐르면서 달성군에 들어가 남쪽으로 흘러 낙동강으로 들어가는 116km 길이의 강이다.

팔달교를 지나 25번 국도를 따르면 태전동을 거쳐 칠곡중학교를 지나고 대구시와 칠곡군 경계 지점을 만난다. 12시 30분이고, 19.3km 거리다. 이곳은 칠곡군 동명면이다. 25번 국도 칠곡중앙대로를 따라 대구 칠곡 경계 지점을 지나 GS칼텍스 앞에서 오른쪽으로 국도를 벗어나 한적한 개울 갓길인 팔거천八莒川 3길을 걷기 시작했다. 차량 통행이 복잡한 국도에서 벗어난 조용한 길에 개울 천변에는 자전거 라이더들이 오가고 조용한 개울을 따라 걷는 시민들을 만날 수 있었다.

다시 금암 중앙로를 만나 금암리 동명면 행정복지센터를 지난다. 5번, 25번 공유 국도로 학명리를 지나 다부리로 가는 국도가 뻗어 있는 외줄기 길이다. 다부리마을 왼쪽은 왜관읍으로 가는 길이 있고, 직진하여 기산면으로 가는 길이 나뉘는 곳이다. 이 다부리는 우리 역사에 중요한 획을 그은 낙동강 전투, 칠곡 왜관 전투로 이름이 알려진 한국전쟁 최대 격전지이자 우리에게 최대 고비의 다부동 전투多富洞 戰鬪가 일어났던 곳이다.

낙동강 방어선 전투가 치열할 때 국군 제1사단은 다부동에서 미군과 더불어 북한군 3개 사단을 격멸한 55일의 전투에서 승리를 거두었다. 그 결과 북한군은 낙동강을 건너지 못하였다. 망정1리 앞에 있는 328고지는 15번이나 주인이 바뀌었던 처절한 전투였다. 망정리 주민을 중심으로 민간인이 식량과 탄약을 지게에 지고 고지에 있던 국군에게 전달하고 하산 길에는 부상병을 지고 내려왔다. 지게를 지고 산을 오르내리는 모습을 보고 지게가 알파벳 A를 닮았다 하여 유엔군은 주민들을 'A Frame Army'로 불렀다.

"용사는 백골로 변했지만, 돌아가고픈 마음에 군화는 썩지 않은 것 같다."

발굴 현장에서 본 유해와 오랜 기간에도 썩지 않고 발굴된 군화를 보고 쓴 글이다.

소야고개에는 다부동 전투를 기념하는 '다부동 전적 기념관'이 있고, 전투를 지휘하여 승리로 이끈 백선엽白善燁 장군의 공적을 기리기 위해 주민들이 세운 기념비인 '백선엽 호국구민비'가 있다. 오후 3시 40분, 30.1km 거리다.

전투에 참가했거나 눈으로 본 사실은 없지만 전쟁의 참화는 전해지는 사실을 조금만 생각한다면 누구나 알 수 있을 것이다. 부상과 죽음이 연결되는 전투, 이러한 전투를 이끄는 전쟁은 누구를 위해서 일으켜지며 누구를 위해서 끝이 나는가? 총알이 오가고, 터진 포탄에 살갗이 찢어지고 생명이 오가는 삶의 갈림길에 섰던 이름 모를 젊은이들의 참상을 그리다 보니 무거운 몸에 머리까지 무거워졌다. 평화는 어디에서 어떻게 오는가?

25번 국도를 따라 금화리를 지나 가산면 행정복지센터가 있는 천평리에 도착하였다. 오후 5시 15분, 36.1km 거리다. 가산면 천평리에는 숙소가 없어 동명면으로 되돌아왔다.

---

**오늘의 여정**

대구시 수성구 상동교~약령시장~달성공원~팔달교~태전동~칠곡군 동명면~다부동~칠곡군 가산면 행정복지센터.

출발:　　　대구시 수성구 상동교 오전 7시 30분
도착:　　　칠곡군 가산면 행정복지센터 오후 5시 15분

걸은 시간:　9시간 45분
걸은 거리:　36.1km / 누계 162.9km

# 6  '바다처럼 넓은 평야'를
       소망하는 해평을 지나

**트레킹 6일째:**
**10월 11일. 화요일. 맑음**

천평리 가산면 행정복지센터에서 오늘 트레킹은 시작되었다. 한갓진 촌락 마당의 가을 감이 익어가듯 가을날이 차츰 익어가는 화창한 날이다. 길 걷기에 좋은 서늘하고 맑은 공기에 높은 하늘이다. 언제나 아침 출발은 어제의 여진을 털어내고 기운차고 활달한 마음으로 첫발을 내딛는다. 걸어온 길이 길어지고 남은 길이 짧아지기에 매일 아침 길 나서기가 힘이 차는 이유이기도 하다. 어제 저녁에 찾지 못했던 모텔이 길옆 언덕 위에 보였다. 어제 알았다 해도 가지는 못했을 것이다.

가산IC를 지나 25번 국도에서 첫 번째 출구로 내려가 송신로 길로 바꾸었다. 윗너실, 주막, 아래너실마을 들녘에는 차츰 익어가는 가을 벼가 고개를 숙이기 시작하고 금빛 물결이 숙인 고개 위로 일렁이기 시작한다. 마을 집 담벼락에는 밤알 같은 검붉은 대추가 주렁주렁 달린 가지가 휘어져 있고, 담벼락 넘어 길가에는 떨어진 대추들이 널브러져 있다.

송학리를 지나고 칠곡군의 끝자락 중사리, 탑곡마을이 있는 심곡리를 거치면 구미시 장청면 상장리로 들어가게 된다. 송신로에서 구미오상고등학교 표지판을 보며 다시 강동대로 67번 지방도로를 따라 창천면 행정복지센터에 이르렀다. 오전 8시 40분, 16.7km 거리이며 25번 국도길이다.

현재 상림리 마을회관이 있는 자리에 있었던 조선 시대 상림역上林驛은 대구와 상주를 잇는, 지금의 구미 도심지를 지나지 않고 중심부와는 다른 칠곡군 다부, 가산과 구미 산동읍, 해평면, 선산읍 도개면을 연결하는 영남대로의 요충지였다. 창천면을 지나 아랫마을, 주막걸마을의 하장리를 지나고 임천리를 거쳐 산동읍에 이르렀다. 오전 11시, 24.8km 지점이다. 괴곡리의 옥골마을, 새마을마을을 지나 문량리의 염막마을, 흰터마을을 지나게 되고 한가한 농촌 마을들이 평화롭게 여기저기 흩어져 있었다.

활짝 핀 갈대숲이 우거지고 새빨간 야생화가 야트막한 마을들의 파란 가을 하늘과 어우러진 풍광이 길 나그네의 지친 발걸음을 가볍게 만들어주고 있다. 길게 뻗은 길에는 오가는 자동차도 없다. 고요하고 적막한 마을 사잇길을 혼자 걷고 있다. 소슬하고 허전한 마음이 감싸면서 외로움이 다가왔다. 결실의 계절, 수확의 계절에 이 외로움은 어디서 오는가? 무엇이 나를 이렇듯 나약한 감상에 빠뜨리고 있는가?

> 이지러진 달이 새벽녘에 돋아 오르니
> 빛은 맑으나 그 빛이 얼마나 가리
> 간신히 작은 봉우리는 올랐으나
> 긴 강을 건널 힘은 없구나
> 집집마다 다들 단잠에 빠진 이른 새벽녘
> 외로운 나그네 홀로 노래하네.
> — 정약용 '曉坐효좌'

해평리 해평면 행정복지센터에 당도했다. 12시 50분, 31.1km 거리다. 해평海平은 평야가 넓은 바다와 같다 하여 붙여진 이름이다. 사실은 넓지 않은 평야를 가진 해평은 산악 지형이 많고 평야가 적은 경상도에서 넓은 땅을 갖고 싶은 옛 조상들의 염원을 나타낸 지명이기도 하였다. 해평 윤씨의 본향이 이곳이다.

**기미년 대한독립만세 제창 마을인 산양리**

금호리 오인마을을 지나고 금호교를 건너자 산양리 산양마을이 보였다. 1919년 4월 3일 해평면 산양동은 기미년에 대한독립만세를 제창한 마을로 널리 알려져 있다. 이 독립만세를 주도한 애국지사 백은 최재화崔載華 목사의 애국정신을 추모하기 위한 기념비가 산양리 길가에 우뚝 서서 길가는 나그네의 눈길을 끌고 있었다. 위대한 선조다.

산양리 물달마을을 지나자 4대강 개발로 만들어진 구미보로 가는 길이 왼쪽으로 안내되고 있다. 비가 많이 와도 탈이고, 비가 적게 와도 탈이었던 우리들 농촌의 고질적 병폐를 해소하기 위해 만든 4대강 보의 하나가 해평면 낙산리에 있는 구미보다. 한우 축사가 길옆과 길 안쪽에 길게 늘어서 있고 축사 안에서 소가 지나가는 트레커를 목을 뻗고 멍하니 바라보고 있다. 순하게 생긴 큰 눈을 껌벅거리며.

체력 저하에 따른 보상으로 오늘 저녁에는 쇠고기를 좀 먹어야겠다는 생각이 저 맑고 고운 눈을 보고 나니, 당분간은 쇠고기를 먹을 수 없을 것 같다. 그렇다면 삼겹살은? 이 또한 살아있는 가축 아닌가! 이제 체력 보충은 어떻게 해야 할까? 축사에서는 은은하고 고요한 클래식 음악이 들려왔다. 소의 생활을 즐겁게 하기 위한 것이 아니라 좋은 고기를 생산하는 하나의 방법이라 한다.

어제부터 다시 시작된 몸의 통증이 오늘도 계속 이어졌다. 오른 종아리 바깥쪽이 2~3시간 간격으로 통증이 이어오다가 점점 심해지고 있었다. 늘 겪어왔던 고통이라 새로울 것이 없긴 하지만 발목과 함께 트레킹에 지장을 주는 부위다. 이 정도는 이겨내야 한다는 정신적 당위성과 고통은 줄여야 한다는 육체적 당위성 사이에 심한 논쟁이 일어난다. 아직은 더 걸어야 한다는 생각과 오늘은 그만 걸어야 한다는 마음이 교차했다. 지금은 육체의 승리였다.

쉬자!

낙산리 낙산 보건진료소가 오늘의 종착지다. 선산읍으로 숙박하러 갔다.

**오늘의 여정**

칠곡군 가산면 행정복지센터~구미시 창천 행정복지센터~해평면 행정복지센터~구미시 해평면 낙산 보건진료소

출발:  칠곡군 가산면 행정복지센터 오전 7시
도착:  구미시 해평면 낙산 보건진료소 오후 3시 40분

걸은 시간:  8시간 40분
걸은 거리:  28.2km / 누계 191.1km

## 7    영남길 3대 나루의 하나인
       낙정 나루터

**트레킹 7일째:**
**10월 12일. 수요일. 안개 뒤 맑음**

숙박지 선산읍에서 오늘 출발지 낙산 보건소까지 택시로 오는 길에는 자욱한 안개가 길을 덮고 있었다. 익히 아는 길인 듯 택시 기사는 주저함이 없지만, 나의 은근한 조바심이 마침내 입을 열게 하였다.

"기사님 좀 천천히 가십시다."

말한 후에 내가 이렇게도 소심해졌나? 하는 생각이 들었다. 혼자 국내외 트레일을 수천 킬로미터를 걸었는데! 아니다, 이건 소심해진 것이 아니다. 안전이 모든 트레킹에 우선이다. 위험스럽고 외지고 험한 산길뿐 아니라 대로에서도. 특히 이런 날은 어디에서도 마찬가지다.

낙산 보건소에서 출발하여 걷기 시작했을 때도 짙은 안개가 시야를 흐리게 가리었기에, 언제나 마찬가지로 하는 것처럼 차량이 오는 방향으로 마주하며 역주행으로 걸었다. 달려오는 운전자는 나를, 나는 운전자를 볼 수 있기에 안전성이 높다. 다행히 이른 아침이라 차량 통행이 거의 없다. 그래도 앞 방향으로 시야를 집중하며 천천히 나아갔다.

안개로 덮인 길 양편으로 크고 작은 무덤군이 희미하게 보였다. 낙산리洛山里 고분군古墳群이다. 사적 336호로 모두 205기가 있다. 가야와 신라의 무덤들이며 낙동강 동쪽에 인접한 해발 700m 내외의 광범한 구릉지대에 분포해 있다. 트레킹 길인 강동로(지방도 927번)에 인접한 곳이다.

**낙산리 고분군이 안개에 둘려 있다.**

낙산리 고분군에서 15여분 걸으면 길 오른쪽 아담한 무덤 앞에 고색창연한 돌비석이 소담스런 좌대 위에 올려 있다. 무덤의 크기와 돌비석, 좌대의 조화가 아름다워 가까이 다가가서 보니, 의구총義狗塚 다른 말로 바꾸면 '개 무덤'이다. 개가 묻혀 있고 게다가 비석까지 무덤 앞에 있다. 의로운 개의 사연이 길게 적힌 안내판이 개 무덤 옆에 우뚝 서 있었다. 요즈음 반려견의 시대가 아닌 오래전에 일어난 사연이다.

술에 만취한 사내가 집으로 돌아오는 길에 월파정月波亭이라는 정자 아래 누워 잠이 들었다. 주인을 따라온 개도 그 옆에 누웠다. 갑자기 들불이 일어나 주인의 목숨이 위태로워졌다. 개는 인근 낙동강 물을 온 몸에 적셔 여러 차례 왕복한 끝에 불을 껐다. 주인은 목숨을 구했으나 개는 불을 끄느라 지쳐 끝내 죽고 말았다. 이렇게 불에서 주인을 구하고 죽은 개의 의로움을 알게 된 마을 사람들이 개를 이곳에 묻고 의구총이라 이름 지었다. 개보다 못한 사람들이 많다고 하는 오늘날에 우리가 한번쯤 새겨보아야 할 이야기일 것이다.

　　하동동과 칠장마을을 지나 일선리 일선 교차로에 이르면 이제까지 걸어왔던 강동로에서 25번 국도로 옮겨 걷게 되었다. 안개는 옅어지고 오가는 차량들이 국도 위를 씽씽 달리고 있었다. 달려오는 차량을 보며 걷는 길 방향이기에 나는 말할 것도 없고, 달려오는 운전사도 서로가 조심한다. 30여분 걸으면 길 오른쪽에 있는 도개면 행정복지센터로 가는 지하통로를 지나, 도안로로 가기 위해 국도에서 내려와 마을길로 접어들었다. 여기서 길 찾기에 주의해야 한다.

　　아니면 강동로에서 25번 국도로 옮겨 걸을 때 차량을 등에 두는 순방향으로 걸으면 도개 교차로에서 도개면 행정복지센터로 가는 910번 지방도인 도안로 길로 바로 갈 수 있다.

**의구총. 주인을 살리고 죽은 의로운 개의 무덤이다.**

조용한 농촌 마을 들판에는 익어가는 벼 이삭이 힘에 겨운 듯 고개를 숙이고 수확의 날까지 버티고 있었다. 넓은 들녘이다. 마을 담장에는 감이 익어가고 철 잃은 장미가 검붉은 색상으로 곱게 단장하고 길손을 반겨주었다. 마치 오가는 국도길 차량의 혼잡한 속을 지나온 나를 고생하였다고 위로하는 듯하였다. 다시 감사한 마음이 솟구쳤다. 자연이 주는 선물이었다. 편안한 마음으로 멀리 엷은 안개로 둘러싸인 이 산 저 산을 둘러보았다. 넓은 들판과 옹기종기 모여 있는 희미한 마을들을 헤아리다 보니 어느덧 궁기리 도개면 행정복지센터 앞에 이르렀다. 8시 20분, 5.8km 지점이다.

　도개면 행정복지센터에서 도안로가 길게 이어진다. 도안로를 따라 한참 걸으면 월림리 임호마을을 지나고 동산리 용담이마을을 지나면 구미시를 벗어나 의성군 단밀면 낙정리 양정마을을 만나게 된다. 한가한 농촌 마을들이 간헐적으로 보이는 도안로의 끝자락이 낙동강 낙단교洛丹橋가 있는 낙정리 낙정洛井마을이다. 상주시로 들어가는 길목이다.
　낙정 나루터에 도착했다. 영남길 3대 나루인 양산 물금나루, 밀양 남포나루에 이은 상주 낙정나루다. 그 옛날에는 부산 동래에서 낙동강을 거슬러 올라온 조공 배들로 가득했었고, 번성했던 낙동 장터와 주막들이 이제 흔적도 없이 사라졌다. 세월의 덧없음을 되새겨보지 않을 수 없었다.
　낙정마을은 원래 낙동강 동쪽에 있다 하여 낙동이라 했는데 200년 전 마을에 좋은 우물이 생겨나면서 '낙정'이 되었다. 옛날 이곳에 있던 낙정나루는 이웃에 있는 관수루觀水樓에 의해 '관수나루'라고도 불렸다. 영남 유생들이나 관헌들이 한양 도성으로 갈 때 꼭 거쳐야 하는 중요한 길목 중 하나였다.

낙단교 바로 옆에는 수십 미터 높이의 깎아지른 벼랑이 솟아올라 수백 미터 병풍처럼 펼쳐져 있다. 그 위에 이름다운 관수루가 낙동강의 유장한 흐름을 굽어보며 앉아 있다. 관수루는 "낙동강을 바라보며 정취를 즐긴다"는 뜻으로 낙동강변의 3대 누각 중 하나로 꼽힌다. 정자에 오르면 낙동강은 물론 의성, 상주, 구미 세 곳의 주름진 산과 드넓은 들판까지 한눈에 들어온다.

한양 도성으로 가는 유생들과 보부상들, 관리들이 분주히 오고 갔었던 낙정나루였던 낙정마을에는 지금은 몇 가구가 채 되지도 않는 작은 마을이 되었다. 사람은 보이지 않고 작은 카페와 모텔 하나가 단출하게 서 있었다. 갑자기 서늘하고 허전한 마음이 머리를 때렸다. 낙정나루라는 트레킹의 이상이 허무하게 무너져 내리는 순간이었다. 야은 길재吉再 선생이 읊었던 "산천은 의구하되, 인걸은 간데없다"가 떠오르지 않을 수 없었다. 지금은 인걸만 간데없는 것이 아니라 산천도 간데없어졌다. 그나마 낙정나루의 옛 영화를 되새겨 주기라도 하는 낙단교 옆 벽화가 그 소임을 맡은 듯하였다.

**낙동나루 벽화**

낙동강은 한반도에서 압록강과 두만강 다음으로 긴 강으로 남한에서는 가장 긴 강이다. 남한에서 한강, 금강, 영산강과 함께 4대강으로 꼽힌다. 발원지를 제외한 대부분의 유역이 경상도에 있기 때문에 일명 '영남의 젖줄'로 불리기도 한다. 강원도 황지黃池에서 발원하여 상주시 사벌국면 퇴강리에 이르러 영강潁江(상주시 화북면 속리산에서 발원하여 문경, 상주를 흘러 낙동강으로 흘러드는 강)과 만나면서 비로소 강의 모습을 갖추게 되고 부산까지 700리가 되는 거리를 흘러 남해로 빠져나간다. 낙정나루에서 바다처럼 넓고 깊게 모여 큰 물굽이로 돌다가 서서히 남으로 내려가고, 상주로 이어지는 영남길 낙정나루(관수나루)에서는 배를 타고 건너야 했다.

　낙동강 낙단교를 건너면 상주시 낙동면이다. 의성군 단밀면 낙정리 양정마을 가옥 옆 텃밭에서 할머니가 들깨를 털고 있다. 힘없는 손놀림에 저절로 쓸쓸함이 느껴졌다. 가을날 할머니의 느린 손동작이 함께 쓸쓸하다. 황량한 모습에 비해 낙동면은 식당과 카페가 모여 먹거리촌을 만들고, 젊은 데이트족들과 관광객이 모여든다.

　국토 종주 자전거길이 시원하게 뚫려 있다. 자전거 라이더들의 국토 종주의 주요한 길목이기도 한 이곳에서 라이더들은 일단 페달을 멈춘다. 삼삼오오로 휴식을 취하고 있는 라이더들을 보니 갑자기 힘이 빠지면서 쉬고 싶은 욕망이 간절하게 분출한다. 그러나 여기서 쉬게 되면 일어날 자신이 없을 것 같다.

　오늘로 걷기 7일째, 체력이 많이 떨어지고 몸에 통증이 다시 시작되었다. 오른쪽 종아리 바깥 부위에서 시작된 통증이 허벅지를 거쳐 대퇴부로 올라오고 척추관 협착증세까지 일어나는 중이다. 언제나 한결같이 왼쪽 어깻죽지는 항상 통증을 가지고 있다. 왼쪽 발목도 불편하다는 신호를 보내고 있다. 이 육체적 통증은 앞으로 3~4일 더 진행될 것이다.

낙단교의 낙동강이 서울에서 출발해 부산까지 이어지는 국토종주 자전거길의 절반쯤에 해당하는 지점이다. 낙단교를 건너 상주시 낙동면 구잠리로 연결되고 59번 국도를 잠시 걷다가 42번 지방도인 영남제일로로 들어섰다. 구잠 3교를 지나고 구잠 삼거리에서 직진하여 분황리를 지나 장천교長川橋를 건너고 신상리 삼거리에 다다랐다. 오후 1시이고 21.1km 거리다.

국토 종주 자전거길

한적한 농촌 마을들이 길에서 멀리 떨어져 있고 그 떨어진 거리를 황금빛 누런 들판이 이어주고 있다. 마을 어귀부터 가을 자태를 뽐내는 감나무들이 늘어서 있고 흐드러지게 달린 붉은 감들이 황금 들판에 대비를 이루고 있다. 붉은 감과 황금 벼. 가을의 표상이다. 상주의 특산품 감의 고장답게 400년 된 감나무가 아직도 살아서 감을 생산한다는 안내판이 눈을 의심케 한다. 달려가 확인하고 싶지만 왕복 30분이나 소요되는 거리이기에 잠시 주저하다가 결국 가는 것을 포기하고 트레킹을 계속했다.

트레킹 길은 영남제일로로 계속되었고 헌신 교차로에서 25번 국도로 연결되어 상주시 종합버스터미널에서 오늘 트레킹을 마쳤다. 오늘은 국도와 지방도로 연결되는 트레일이었기에 피로도가 심한 하루였다.

**400년 감나무 생목지 안내**

**오늘의 여정**

구미시 해평면 낙산 보건진료소~도개면 행정복지센터~의성군 단밀면 낙단교~상주시 낙동면 신상리~상주시 버스터미널

출발:　　구미시 해평면 낙산 보건진료소 오전 7시
도착:　　상주시 버스터미널 오후 4시 40분

걸은 시간:　9시간 40분
걸은 거리:　30.1km / 누계 221.2km

## 8     전사벌 왕릉은
              견훤에게 패한 사벌국왕의 묘일까

**트레킹 8일째:**
**10월 13일. 목요일. 맑음**

모텔이 밀집된 상주 버스터미널을 오가는 도로는 사방팔방으로 잘 구획된 도시의 도로와 감나무 가로수로 식재되어 반듯하게 동서남북으로 갈라져 뻗어간다. 조그마하고 깨끗한 일식당 앞에 뼈아픈 안내문이 붙어있다.

"최근 러시아의 우크라이나 침공 전쟁으로 인해 엄청난 연어 가격 인상으로 당분간 연어 판매는 중단됩니다. ― 토모노모 올림"

아주 멀리 떨어진 지구 저편에서 일어난 전쟁의 불씨가 지구 위를 날고 날아 상주의 조그마한 식당에서 불꽃이 되어 활활 타오르고 있었다. 작은 사업이든 큰 사업이든 리스크는 아무도 예측하지 못하는 곳에서 일어난다. 빨리 연어가 판매될 수 있도록 기원하며 무거운 마음으로 발걸음을 옮겼다. 지구촌이란 말이 실감나는 순간이었다.

'아, 지구가 넓은 것이 아니구나.'

곧게 뻗은 시가지를 벗어나 25번 국도에서 사벌국면沙伐國面(원래는 사벌면이었으나 2020년 사벌국면으로 바뀌었다)으로 가는 916번 지방도를 걸어갔다. 감의 고장답게 가로수가 감나무로 심어져 있다. 성목이 되기에는 아직 시간이 필요한 것 같지만 간간이 달려 있는 감들이 나그네의 눈길을 끌기에 충분하다. 간혹 떨어진 홍시가 발길을 멈추게 하지만 곧이어 많은 홍시들이 길바닥에 뒹굴고 있을 것이다.

연어야 돌아오라.

상주시의 감나무 가로수

**사벌국면으로 가는 엄암리 들판**

　농촌 마을길에 인적이 드물고 조용하고 서늘한 가을날에, 짙은 먹구름이 간헐적으로 마을과 농촌 들녘을 뒤덮고 추수 때를 기다리는 벼는 더 이상 버티지 못한다고 시위라도 하듯 들판에 드러눕기 시작했다.

　916번 지방도인 상풍로를 벗어나면 사벌국면으로 가는 사벌로가 길게 뻗어 있다. 오전 11시, 7.7km 거리다. 자동차도 다니는 길이지만 길 양편에 넓게 펼쳐진 논을 오가는 농로이기도 했다. 상큼한 아침 날씨에서 정오로 넘어가는 따스한 날씨가 트레킹의 분위기를 한껏 고무시켜주는 풍광에 발걸음도 가벼워진다.
　얕고 푸른 산자락 위로 가녀린 구름이 걸려 있고, 산자락과 잇닿은 누런 벼가 겹쳐진 황금 들판이 멍석을 펼쳐놓은 듯하였다. 가끔 오가는 자동차의 질주하는 소리가 한적한 누런 벼의 단 낮잠을 깨우고 있었다.

걷기가 이어질수록 소리가 잦아들고 생각이 옅어지고 호흡이 가벼워졌다. 눈 아래 내려다보이는 것은 차례로 옮겨지고 있는 두 발뿐이었다. 호흡이 가늘어지고 발걸음이 가벼워지자 내가 걷는 것인지, 발이 걷는 것인지 인식이 점점 흐려지기 시작한다. 무언가가 움직인다는 멍한 느낌뿐이다.

생각이 점점 사라지고 무념의 상태에서 움직이는 발만이 시야에 들어오고, 내 몸이 그냥 멍하게 앞으로 나아갈 뿐이다. 시간이 얼마나 지나갔는지, 어디로 가고 있는지, 누가 걷는지도 모르는 상태일 뿐이다. 잠시 같지만 긴 시간 같고, 긴 시간이지만 잠시 같은 시간이다. 내 앞에 또 다른 검은 형상의 물체가 앞서 움직이고 있을 뿐이었다..

'검은 형상의 너는 누구냐? 네가 누구든 상관없다. 지루한 이 길을 함께하는 동행자일 뿐이다.'

고독이 있고, 고통이 있고, 기쁨이 있고, 환희가 있는 길 걷기가 이러한 몽환의 느낌으로 올 때 묘한 기분을 즐기게 된다. 이렇게 흐른 시간은 긴 느낌이지만 실제는 길지가 않았다.

들판에 가을걷이 추수가 한창이었다. 추수하는 작업을 보기만 해도 흐뭇해진다. 몸과 마음을 충만하게 만들어주는 정서가 농촌에 있다. 가는 길을 멈추고 물끄러미 바라보면 볼수록 흐뭇하고 가슴이 가득해진다.

어릴 적 추수하는 날에 이른 새벽부터 분주하시던 부모님이 생각났다. 벼베기가 끝나고 며칠 뒤, 가을걷이가 끝나 정미소 넓은 마당에서 타작하는 날에 분주하시던 부모님은 피곤에 지친 몸이지만 흐뭇해하시던 모습이 떠올랐다. 추수철이나 모내기철이 농촌에서 가장 바쁜 시기임에도 요즈음의 들녘에는 농부가 보이지 않는다. 아니, 농부가 아니라 사람이 보이지 않는다. 트랙터와 추수된 나락을 옮겨가는 트럭뿐이었다. 그 많던 농부들은 어디에서 무엇을 하고 있는가?

**가을걷이 추수가 한창이다.**

　사벌국면 화달리에는 전사벌傳沙伐 왕릉이 있다. 왕릉이라고 전해지고 있으나 역사서에는 기록이 없어 누구의 묘인지는 정확히 추정할 수 없다. 신라 54대 경명왕景明王의 다섯째 왕자 박언창朴彦昌이 사벌주沙伐州의 대군으로 책봉된 후 자립하여 스스로 사벌국왕이라 칭하고 11년 동안 통치하다, 견훤의 침공으로 929년에 패망하고 묻힌 능이 전사벌 왕릉이라고 전해온다.

　사벌국은 삼국 시대에 상주를 기반으로 하는 소국으로 사량벌국沙梁伐國으로 불리며 유지되다가 사라진 왕국이었다. 그 사량벌국의 존재가 오늘날의 상주를 만들었고 지금의 상주의 위상을 말해준다. 경상도의 명칭이 경주와 상주의 합성어로 이루어졌다는 것은, 전주와 나주의 전라도, 충주와 청주의 충청도, 강릉과 원주의 강원도와 같은 내용일 것이다.

　사벌국면 용담 2리를 지나 34번 지방도와 14번 지방도가 만나는 지점의 덕가德可 저수지에 도착하였다. 10시, 12.1km 거리다.

이정표는 길눈을 밝게 해준다.

덕가리와 목가리를 지나면 사벌국면을 벗어나게 되고 이어 함창읍 금곡리 세실마을을 만나고, 신덕리 솔티를 지나 척동리를 거치면 함창읍으로 들어가게 된다. 옛 영남대로는 이 부근에서 두 갈래로 갈라졌다. 하나는 덕가리 덕가 저수지를 지나 봉황대鳳凰臺가 있는 함창읍 금곡리를 경유해 덕통리로 가는 길이고, 다른 하나는 목가리의 솔티를 거쳐 덕통리로 가는 길이다. 나는 두 길을 조정하여 만든 길로 가기로 했다.

걸어오던 14번 지방도 봉황로 길이 금곡리에서 어풍로 길로 이름이 바뀐다. 어풍로 길의 이름은 인근 퇴강리에 있는 어풍대御風臺(바람을 다스리는 곳)에서 따온 것이었다. 어풍대는 조선 시대 송강 정철鄭澈, 노계 박인로朴仁老와 더불어 가사문학歌辭文學 3 대가인 이재 조우인曺友仁이 세웠다.

오동 2리에서 3번 국도와 마주친다. 12시 30분, 20.5km 거리다. 여기서 잠시 갈등이 일어났다. 걸어오던 14번 어풍로를 따르면 함창읍으로 가고, 함창읍에서 다시 문경시로 나와야 오늘 숙박 예정지 문경 행정복지센터에 근접하는 곳까지 갈 수 있다. 다른 방법은 여기서 3번 국도를 곧바로 걸으면 어쩌면 오늘 문경 행정복지센터까지 갈 수 있을 것이라는 생각 때문이었다.

트레커는 언제나 짧고 빠른 길을 좋아한다. 그러나 차량 통행에 따른 위험도와 주의력 집중에 따른 체력 소모는 감수해야 한다. 세상 사물의 이치는 한편만 편애하지 않는다. 욕심이 화를 부르는 경우가 오늘 이 시점에서 발생하리라고는 예상하지 못한 채 3번 국도를 택하여 걸었다. 왼 어깨에 함창읍을 올리고 오른 어깨에는 문경시를 얹으며 3번 국도 걷기는 바빠졌다.

오늘 여정이 문경 시청에서 꽤나 먼 거리에 있는 문경읍 행정복지센터로 바뀌었기 때문이다. 과욕이 앞선 결정이었기에 몸과 마음은 무척이나 바빴다. 3번 국도를 꽤나 걸어온, 함창읍에서 문경시로 나오는 3번 국도 다리 밑을 지나고, 문경시에서 3번 국도로 올라오는 합류 길 앞에 자동차 전용도로라는 안내판이 장승처럼 서 있다. 이제까지 걸어온 3번 국도는 보행으로는 갈 수 없는 자동차 전용길이었다.

아뿔사, 참담한 심정이다. 길게 휘어져 돌아온 3번 국도에서 다시 내려와 동네와 동네를 잇는 마을길로 돌아가야 하는 사태가 벌어지게 된 것이었다. 가슴 깊은 곳에서 토해 나오는 탄식의 한숨을 내뱉으며 국도에서 벗어나 다시 문경 시청 방향의 문경시로 들어갔다. 모전동 모전 오거리 인근에 있는 기념수 벤치에 앉아 마음을 가다듬는다. 3번 국도가 아닌 지방도를 걷는다면 문경 행정복지센터까지는 도저히 갈 수 없다. 드디어 마음의 결정을 내렸다.

'그래 오늘은 갈 수 있는 곳까지 갔다가 문경시에서 숙박하자.'

억울했던 마음이 슬며시 풀어졌다.

**모전동의 양 날개 모양의 나무**

    모전 오거리에서 모전로를 통해 공평동으로 들어가고, 공평로 길을 계속 따르면 유곡동 유곡불정로 길로 연결되어 트레킹은 계속되고, 지나가는 길에 있는 유곡동 택시정류장에 늘어선 택시 기사에게 물었다.
    "한 시간 뒤 오후 5시쯤 전화하면 제가 있는 곳에 올 수 있나요?"
    "어디로 가시는데요?"
    택시 기사는 등에 멘 배낭을 물끄러미 보더니 휴대폰 번호를 주었다. 오늘 목적지는 문경읍이지만 시간을 따져보니 도저히 갈 수 없을 것 같았다. 유곡불정로를 따라 5시까지 갈 수 있는 곳까지 가기로 했다. 도로는 좁아지고 차량 통행도 뜸해졌다.

**유곡동 끝 마을. 장승이 있었다는 장승백이 마을**

　산간길이 나타나고 차량 통행이 드문 한적한 마을길이 계속 이어졌다. 오르고 내리는 고갯길이 힘에 부치지만 부지런히 갈 수 있는 곳까지 가야 했다. 유곡마을은 지대가 매우 그윽하고 워낙 골짜기가 많아 도적도 많았지만 일단 마을로 들어오면 밖으로 나가지 못하는 마을이라고 전해진다. 나무 숲 사이로 이어지는 유곡불정로 길은 계속되고 불정길과 만나는 곳에 자동차 전용도로 종점이라는 표시가 있다. 문경시 위생매립장이 길을 벗어난 곳에 있다.

　예약한 택시로 문경 시청으로 돌아왔다.

**오늘의 여정**

상주시 버스터미널~사벌국면 목가리~함창읍 금곡리~문경시 유곡동~
문경시 위생매립장

출발:      상주시 버스터미널 오전 6시 40분

도착:      문경시 위생매립장 5시 30분

걸은 시간:  9시간 50분

걸은 거리:  33.8km / 누계 255km

영남길

3

문경시 위생매립장

안성시 죽산면 버스터미널

# 9 부지런히 걸어야 문경새재를 넘는다

**트레킹 9일째:
10월 14일. 금요일. 흐림**

문경 시청 인근에서 숙박하고 어제 도착지였던 문경시 위생매립장에서 오늘 트레킹은 시작되었다. 이른 새벽 날씨는 다소 서늘하다 오늘은 문경새재를 넘어 충주시 수안보 온천지구까지 가야 하는 여정이다. 출발 지점은 3번 국도와 중부내륙고속도로 밑을 지나 마성면을 지나는 길이다.

어제 이어오던 유곡불정로를 따라 3번 국도와 중부내륙 교각을 지나면 3번 국도를 오른쪽에 두고 걷게 된다. 3번 국도는 영강穎江을 건너가고 트레킹 트레일은 불정강변로로 바뀐다. 한적한 마을길이다. 영강은 속리산에서 발원하여 함창읍 금곡리에서 낙동강으로 흘러들어가는 낙동강 지류다.

불정강변 길가의 매점.
지금은 문을 닫았다.

인적도 없고 차량 통행도 없는 길게 이어지는 불정강변길에 아침 안개가 엷게 깔려 있다. 소슬한 영강을 친구 삼아 부지런히 간다. 조용하고 한가한 아침 길에는 빠르게 걸어 거리를 단축해 두어야 한다. 지금은 폐역이 된 불정역佛井驛을 지나고 굴모리마을을 지나 다시 3번 국도와 만나 불정 3교를 건넜다. 진남 1교를 건너고 국도길을 따르다가 진남 2교를 지나 마성 진남휴게소에 도착하였다. 오늘 아침 출발할 때는, 불정 3교 밑에서 진남로(원래 이름은 불정강변로였다)를 따라 진남교鎭南橋를 건널 계획이었지만, 이렇게 걸으면 말 편자 모양의 강변길을 돌아가는 길이기에 20여 분을 단축하고자 차량 통행이 많은 3번 국도를 다시 걷게 된 것이다.

진남휴게소

문경새재를 넘어 수안보 온천지구까지 가는 여정에 문경새재 길의 어려움과 넘는 시간을 가늠하기 쉽지 않아 오전 중에 부지런히 걸어야 했다. 오늘 걸어야 할 전체 길을 단축해둘 생각이 아침 걸음을 바쁘게 만들고 있다. 다행히 아침 시간에 국도에는 차량 통행이 많지 않았고, 영강에서 피어오른 아침 안개가 시야를 흐려 조심스런 발걸음을 더욱 조심하게 만들고 있을 뿐이다.

진남휴게소를 지나는 자전거 종주길을 따라 직진하여 신현 삼거리에서 봉생교鳳生橋를 건너 우회전하면 영강을 따라가는 농로 마을길과 자전거길이 함께 계속되었다. 국토종주 새재 자전거길이다. 오전 7시 45분, 7.8km 지점이다.

마을길 끝자락에 있는 다리를 건너 좌회전하면 영강 강변을 따라 소야 벚꽃길이 길게 뻗어 있고, 강변 둑을 따라 길게 심어져 있는 벚꽃나무 가지에 달려 있는 단풍잎이 힘차게 버티고 있다. 길 건너에는 갈대와 야생화가 건너편 벚나무 단풍과 어우러져 가을 풍광을 한껏 뽐낸다. 걷기에 아름다운 오천리 소야 벚꽃길이 가을날에 맵시를 뽐내고 있다. 낙엽이 질 때보다 더 맵시 있는 벚꽃이 필 때 다시 꼭 오시라고.

벚꽃길 끝자락에 소나무 군락으로 이루어진 영강 오토캠핑장으로도 잘 알려진 소야 솔밭이 발길을 멈추게 했다. 마성면 오천리다. 소야 벚꽃길 쉼터에서 문경새재 관문을 통과하기 위한 마지막 체력 비축 시간을 가졌다. 가벼운 간식이다.

소야 벚꽃길을 벗어나 3번 국도 문경대로 밑을 지나 마성길을 통해 문경새재로 가는 길에는, 구절초와 노란 야생화 무리가 단풍나무 밑으로 아름다운 꽃잎을 드리우고 있다. 건너 산자락까지 내려온 구름 아

마성면 소야 벚꽃길

래로 누런 볏잎이 가을을 물들이고 있다. 해마다 북진하는 사과밭도 북으로 올라가다 지친 듯 이곳에 머물면서 붉은빛으로 과수원 길을 가득 채우는 중이다.

　백두대간의 중심 문경聞慶읍에 왔다. "경사스런 소식을 듣는다"는 문경이다. 많은 온천 호텔과 음식점이 몰려 있는 문경은 경상 북부의 대표적 온천 관광지에 문경새재도립공원이 이웃에 있다. 문경읍을 지나 진안리 오리터 마을과, 하초리를 거쳐 문경새재도립공원을 알리는 관문에 이르고 이어 새재 제1관문인 주흘관에 도착하였다.
　문경은 삼국 시대 고구려와 신라, 백제의 세력이 각축을 벌인 전략적 요충지였다. 백두대간을 지나는 고개 중 제일 먼저 관문이 개설된 곳이 계립령鷄立嶺이고, 이어 문경새재인 조령鳥嶺·죽령竹嶺과 이화령梨花嶺,

**산자락을 뒤덮은 구름의 문경 들판**

추풍령秋風嶺 등이 개설되었다. 주흘산과 조령산 가운데에 있는 계곡을 따라서 문경관문 제1관문인 주흘관主屹關, 제2관문인 조곡관鳥谷關, 제3관문인 조령관鳥嶺關이 서 있다.

조령산을 넘는 새재(조령)는 좌로인 추풍령, 우로인 죽령과 함께 예로부터 한양과 영남을 잇는 영남대로의 중추이자 험한 산세 덕분에 군사적 요충지이기도 하였다. 영남嶺南이란 명칭은 여기서 말하는 죽령 이남을 지칭하는 것에서 유래되었다. 새재는 "나는 새도 넘어가기 힘든 고개다"라는 의미로 산세의 험준함을 알려준다. 문경새재 길의 시작인 주흘관은 왜적을 막기 위해 숙종 34년(1708)에 축조되었고 사적으로 지정되어 있으며 3개 관문 중 가장 옛 모습을 지니고 있다. 11시 40분이고 17.2km 거리다.

백두대간의 중심인 문경.
기쁜 소식을 듣는 고장이다.

삼삼오오 무리를 지어 새재로 향하는 가을 나들이객들이 연신 흥겨운 이야기를 하면서 길을 걷는다. 가을 정취를 즐기는 모습들에 한결 여유 있는 걸음걸이다. 오늘이 주말이지만 아직은 관광객들이 몰려올 시간대는 아니다. 단풍이 든 좌우의 가로수 길에는 흩어진 먼지가 한 톨도 없는 듯한 정갈한 흙길이 길게 이어졌다.

자름틀 바우, 조령 원터, 무주암無住菴 등 유물들과 유적지들이 발걸음을 붙잡았다. 새재는 조선 시대 영남에서 한양으로 가는 길목이었기에 청운의 꿈을 안고 한양 과시길로 가던 영남 유생들과, 거부의 꿈을 안고 부지런히 오가던 보부상들이 주된 손님들이었다. 험준한 새재에서 허기와 지친 몸을 한 잔의 술로, 한 그릇의 국밥으로 달래던 옛 사람들의 애환이 서려 있는 새재 주막이 자리잡고 있다. 주변 경관이 무척

수려한 곳이다.

　옛날의 주막은 나그네가 하룻밤을 쉬어가는 곳으로 대부분 술과 음식을 함께 팔았다. 그러나 주막이 많지도 않았을 뿐 아니라 영남길이나 삼남길 주변에 있는 주막에는 술과 말을 먹이기 위한 풀, 땔나무밖에 없었다. 그래서 여행객들은 생필품을 말에 싣고 다녔다 한다.

　완만한 오르막길을 걸을수록 단풍이 짙어지는 넓지도 좁지도 않은 새재길은 가을 나들이하기에는 더없이 좋은 길이자 맨발로 걷는 길이기도 하다. 한가롭게 가을 풍광을 즐기는 젊은 남녀, 학생들 그리고 가족과 함께 온 할아버지, 할머니들의 여유로운 발걸음에 비해 나의 발걸음은 여유가 없다. 어둡기 전에 수안보 온천타운에 도착해야 했기 때문이었다.

영남 유생들이 목마름과 배고픔을 면했던 문경새재 주막

문경새재 나들이는 보통 제1관문 주흘관에서 제3관문 조령관까지 걷는 길이다. 이윽고 제2관문인 조곡관에 이르렀다. 12시 40분, 21.3km 거리다. 선조 27년(1594년)에 충주 사람 신충원辛忠元이 축성하였으며, 1907년에 훼손되어 1978년에 복원하였다. 임진왜란 때 고니시 유키나가小西行長가 18,000여 명의 왜군을 이끌고 문경새재를 넘고자 했을 때, 신립申砬 장군이 농민 모병군 8,000여 명을 이끌고, 제1진을 주흘관 부근에 배치하고 2진의 본부를 이곳에 설치했다. 그러나 정작 전투는 충주 탄금대彈琴臺에서 벌어졌다. 그 결과 전투는 대패하고 많은 병졸이 목숨을 잃었다. 산세가 험하여 왜군을 향해 방어전을 펼치기에 덧없이 좋은 이곳을 버리고 평야지나 다름없는 탄금대에서 왜 전투를 치렀는지 그 배경을 역사는 아직도 이해하지 못하고 있다.

　조령·새재는 문장가들의 글이 고갯길에 가득했다. 김종직金宗直의 한시 '과조령過鳥嶺'(새재를 지나며)이 대표적이다. 또 김성탁金聖鐸의 '상조령관上鳥嶺關'(조령관에 올라), 정희량鄭希良의 '등조령登鳥嶺'(새재에 올라) 등의 한시비가 나그네들을 맞는다. 또 '문경새재 아리랑' 등 애환이 서린 책바위 이야기 등 전설이 서린 곳도 많다. 일본으로 가는 조선통신사가 이 고개를 넘었고, 영남 유생과 보부상들, 관헌들도 넘었던 고갯길이었다. 길은 쓰는 사람에 따라 평화의 길이 되기도 하고 염탐과 침략의 길이 되기도 한다. 지난날의 슬픈 역사를 돌이켜보며 걷는 가을날에 마음이 가볍지만은 않았다.

　경사가 점점 높아지는 가파른 길이 계속되었다. 조곡관을 지나온 지 50여 분만에 문경새재라 불리는 제3관문 조령관에 당도했다. 오후 1시 30분, 23.4km 거리다. 많은 나들이객은 대부분 조곡관에서 되돌아가고 젊은 남녀 몇몇과 등산객들이 조령관까지 왔다가 되돌아갔다. 수안보에서 올라온 사람들만 직진하여 온천타운으로 내려간다. 조령관

문경새재 제3관문 조령관

문 앞에서 풍성해지는 가을 햇살을 맞으며 한가하게 몸과 마음을 잠시 내려놓았다.

　문경 관문이기도 한 조령관의 고갯마루가 백두대간이다. 조령관은 문경읍 상초리와 괴산군 연풍읍 원풍리의 경계 지점으로 조령관을 넘으면 문경시에서 충주시 괴산군으로 행정구역이 바뀐다. 새재 정상에서 북쪽의 적을 막기 위해 선조 때 쌓고 숙종 34년(1708년)에 중창하였다. 제3관문 조령관은 해발 630m이고 문경새재가 시작되는 제1관문 주흘관은 해발 250m로 380m 고도의 길에 1시간 50분이 소요되었다.
　조령관을 지나 고사리로 내려가는 길에는 많은 묵객들과 문장가들이 적어놓은 시들이 길을 수놓고 있다. 과거길을 적은 비석 위 선비상이 눈길을 끌었다. 청운의 꿈을 안고 한양 과시장으로 가는 길이 바로 새재 조령관이다. 우로인 죽령은 죽죽 미끄러진다 하고, 좌로인 추풍령은 추풍낙엽처럼 떨어진다 하여 두 길을 적극 피하고, 경사스런 소식을 듣는 문경聞慶을 지나는 새재가 영남 유생들의 과시장 길이었다. 옛날이나 지금이나 마음에 거리낌이 있는 곳을 피하는 심사는 매 한가지다. 과학과 기술과 문화가 발전해도.

내리막길이 이리저리 휘어지는 단풍 사이 숲길을 따라 내려오면 이화여자대학교 고사리 수련장을 지나고 소조령길로 회천리를 거쳐 괴산군 수안보면 수안보 종합리조트 휴양관광지구에 도착하였다.

수안보水安堡는 '물안비'라는 아름다운 우리말 이름이 있다. 온천수가 솟아나는 '물이 솟는 보의 안쪽 마을'이라는 뜻의 '물안비', '물안보'로 불리다가 한자로 바뀌면서 수안보로 되었다. 한반도 최초로 자연적으로 3만 년 전부터 솟아오른 천연 온천수다. 태조 이성계가 피부병 치료를 위해, 숙종이 휴양과 요양을 위해 이 수안보를 찾았다는 기록이 있어 '왕의 온천'으로도 불린다. 그 명성만큼이나 지하 250m에서 솟아나는 약알칼리성 53℃의 뜨거운 수온으로 라듐, 칼슘, 나트륨, 불소, 마그네슘 등 인체에 이로운 광물이 풍부하게 함유되어 있다.

논바닥에 누워 자다가 볏짚 아래에서 스며든 따뜻한 온천수를 발견한 농부가 그 물을 마시고 피부병을 고쳤다는 이야기가 전해지는 등 왕이나 정승만이 이용한 온천이 아니라 일반 백성들도 이용한 온천이다. 그만큼 맑고 깨끗하며, 받아서 한 달 이상을 두어도 썩지 않을 정도로 생명력이 강한 물로 알려져 있다. 지금은 자치단체에서 온천수를 관리하여 각 호텔이나 온천장에 공급하기 때문에 어느 곳이든 똑같은 성분의 온천수를 사용하여 관광객들에게 좋은 반응을 얻고 있다. 오늘의 일정은 문경새재를 건너 수안보까지 오면서 마무리되었다.

**오늘의 여정**

문경시 위생매립장~진남휴게소~문경읍~새재 제1관문(주흘관)~제2관문(조곡관)~제3관문(조령관)~괴산군 연풍읍~이화여자대학교 수련장~충주시 수안보면 수안보 휴양관광지구

출발:　　문경시 위생매립장 오전 6시 30분
도착:　　충주시 수안보면 수안보 휴양관광지구 오후 4시 10분

걸은 시간:　9시간 40분
걸은 거리:　34km / 누계 289km

# 10 사람들로 북적이는 수안보온천
   그리고 흔적 없이 사라진 유주막

**트레킹 10일째:**
**10월 15일. 토요일. 흐리고 맑음**

새벽안개가 드리운 수안보공원을 지나면 완만한 내리막길인 수안보로가 옅은 안개 속으로 희미하게 보였다. 차량 통행이 없는 한적한 길이다. 잠시 3번 국도로 걷다가 다시 수안보로로 바꾸어 수회리水回里 문강文江 온천지구로 향하고 있다. 어제 저녁 온천물에 몸을 푹 담근 뒤라 발걸음도 가벼운 기분 좋은 아침길이 이어졌다.

바람재 고개를 지나 냇물이 마을을 돌아 흐른다는 수회리마을을 지날 때 동네 어른들이 사랑방에서 벌써 아침 모임을 하고 있었다. 농촌의 아침은 대도시 못지않게 빠르게 시작된다. 이른 아침 농사일이 몸에 밴 농부의 습관이 그대로 남아 있기에 벌써 모여 아침을 한가로이 보내고 있는 것이었다. 지금은 농사를 기계가 대신 해주기 때문에 논에서는 농부가 별로 필요하지 않다. 따라서 아침 일찍 들에 나가지 않으니 자연 사랑방에 모여 아침 시간을 한적하게 보내고 있는 것이다.

그야말로 옛날식 무쇠 난롯가에 앉아 커피를 마시며 담소하고 있는 모습에서 무쇠 난로가 내 눈에 들어왔다. 초등학교 때 추운 교실에서 그나마 몸을 녹여주던 그 난로였다.

"안녕하세요, 아침 일찍 모이셨네요."

따스한 열기가 실내를 덮고 있었다.

"어디로 가는 길이요? 이 아침에."

"수안보에서 나와 충주로 가는 길입니다."

"이리 앉아 커피 한잔하고 가시오."

"아 네…."

난로를 손으로 가리켰다.

"난로가 옛날식이네요."

감사 인사를 드리고 바삐 걸음을 돌렸다. 잠시 들러서 아침 커피라도 한잔 얻어 마시고 싶었지만 오늘도 갈길이 바쁘다. 한가롭고 여유 있어 보이는 것은 내 생각일까? 저분들도 여유를 느끼며 저곳에 모여 있을까? 한창 농부였을 시절에는 몸은 고단하여도 가을걷이를 끝내면 수확의 기쁨과 가장으로서의 삶의 가치를 느꼈을 터인데. 지금은 모든 농사일을 기계에 빼앗겼으니 어떤 심정들일까?

논길을 걸으면서 대답 없는 질문을 생각해 본다.

수회리 마을 아침의 사랑방, 시니어 카페

수회리를 지나 원통마을에 이르렀다. 마을길에서 50대 후반으로 보이는 중년 남자 둘을 만난다. 농사일과 집안일에 관하여 나누는 지극히 소박한 대화에서 건강한 삶을 누리는 모습을 뚜렷이 느낄 수 있었다. 논농사뿐 아니라 과수 농사도 잘되었다고 하는 한 친구의 말에, 그 옆 사내가 마을 공사 대금이 제때 나와 미루어졌던 결제를 한 번에 모두 정리하였다고 덧붙인다. 긍정적인 이야기를 나누는 얼굴들과 맑고 쾌활한 웃음이 지나가는 나그네의 마음을 기쁘게 만들어주고 있다. 그렇다. 건강한 삶은 이렇게 소박하고 단순하다. 발걸음이 한결 가볍다.

원통마을에서 문강리로 가는 돌고개에서 10여 명의 여자 사이클 라이더들이 넘어오고 있었다. '엄지척'으로 응원을 보냈더니 "기모찌, 기모찌" 응답이 돌아왔다. 일본 여성들로 구성된 원정 사이클 라이더팀이다. 앞과 뒤는 남자 라이더가 이끌고 따르고 있다. 지구촌에 살고 있다는 사실을 새삼 느꼈다. 이곳 한적한 시골에까지 일본 여성들이 사이클링을 즐기고 있는 것이다. 전 세계적으로 일어나고 있는 한류의 기운이 충주 살미면 문강리까지 뻗어지고 있다는 생각에 뿌듯함과 자랑스러움이 일어난다.

일본 여성 사이클링팀

토계리의 칼바위 팔봉폭포 출렁다리

문강리 문강온천지구에 도착했다. 문강온천은 월악산, 조령산 수주팔봉水柱八峯 중앙에 위치해 물 좋기로 이름난 전국 제일의 유황 온천수로 알려져 있다. 인근에 있는 수안보 온천과 다른 수질의 두 가지 온천욕을 즐길 수 있다. 토계리에는 인공 폭포인 팔봉폭포八峯瀑布 사이로 칼바위 팔봉폭포 출렁다리를 만들어 차박이나 텐트로 캠핑을 할 수 있다. 멋진 관광지로 떠올라 이웃에 있는 문강 온천과 수안보 온천을 함께 즐기려고 찾아오는 사람들에게 명소가 되었다.

토계리를 지나 농촌 마을 농로를 한가하게 지나간다. 따뜻한 가을 햇살 아래 춥지도 덥지도 않은 가을날의 농촌길은 평화롭고 한적하다. 그 고요함 속에는 걷는 발자국 소리만 있을 뿐 아무 소리도 없다. 느낌이 없고 생각이 없고 인지가 없는 무념의 상태가 지속된다. 보이는 것은 주변 산천과 누런 들판, 검게 움직이는 그림자뿐이다. 고관절의 움직임이 바로 발걸음이다. 허리 아래 연결된 고관절의 규칙적인 움직임만을 느낄 뿐이었다. 이 느낌이 나를 앞으로 앞으로 밀어가고 있다.

팔봉로를 따라 팔봉교와 문주리, 향산리를 이어주는 싯계교를 건너 향산3리 세포마을, 싯계마을을 지나 하동막 나루터에 이르렀다. 이 나루터는 오토바이 길동무와 사이클 라이더를 위한 쉼터가 성업 중이다. 자동차로 온 고객과 나처럼 두 발로 걸어온 트레커들도 한 자리를 차지한다.

왼쪽으로 달천강達川江이 길게 따라오며 길동무가 되었다. 달천은 보은군 속리산 비로봉毘盧峯 서쪽 계곡에서 발원하여 충주시 칠금동과 가금면 창동리 사이로 흐르다가 남한강에 합류하는 한강 지류다. 물맛이 달아 달래강 또는 감천甘川으로도 불린다. 달천의 강폭은 넓다.

**달천 강변길이 길게 드리우고 한적하다.**

유독 강물이 파란 달천강을 따라 가며 달천과 용천이 만나는 노루목다리 터에서 3번 국도 향산교香山橋 밑을 지났다. 다시 달천강을 따라 유주막柳酒幕으로 가는 길의 달천 강물은 푸르다 못해 에메랄드 빛의 장관을 보여준다. 바다가 아닌 강물이 이렇게 남색 쪽빛을 낼 수 있는가? 간혹 오가는 사이클 라이더를 제외하면 사람도 차량도 없는 한가한 길이다. 긴 달천변 나무그늘 밑을 걷다 보니 유주막 길에 당도했다. 옛적엔 유주막 나루터가 있었고 그 나루터 부근에 유주막이 있었다는 안내 표시를 보고 주위를 둘러보았으나 주막은 사라지고 빈터만 남아 있다.

유주막 삼거리에 이르러 왼쪽의 충원대로로 발길은 계속되었다. 이 삼거리에서 '기적奇蹟'을 목격하게 된다. 삼거리에 도착하기 전 20여 미터 앞 보도 위에 있던 장끼와 까투리 한 쌍을 발견하고, 조심스레 천천히 다가가자 갑자기 까투리가 4차선의 3번 국도로 달려나가 2차선 중앙분리선을 건너려 했다. 그때 마침 달려오는 차량의 정면에서 바퀴 밑으로 빨려 들어갔다. 아차! 하며 참혹한 광경을 지켜볼 수밖에 없었다. 그런데 차 밑에서 두어 번 구르더니 지나간 차량 뒤로 굴러 나와, 잠시 주저함도 없이 처음에 장끼와 함께 있던 곳으로 달려오는 것이었다. 차량 바퀴 사이에서 두어 번 구른 후 좌우도 아니고 게다가 건너편도 아닌, 처음 있던 곳으로 어떻게 되돌아올 수 있단 말인가? 장끼가 있었기 때문에?

그렇지 않다. 우연이었다. 지극한 우연이었다. 무의식중에 살기 위해 달려온 곳이 마침 장끼가 있는 처음 출발지였을 것이다. 지극히 짧은 4~5초 사이에 일어난, 그야말로 눈 깜짝할 사이에 벌어진 일이었다. 가던 길을 멈추고 처음부터 끝까지 발생했던 사건을 생생하게 목도한 나는 다시 돌아온 까투리와 장끼를 찬찬히 살펴보았다. 이 기적miracle 과도 같은 상황을 어떻게 이해해야 할지 막막해졌다. 기막힌 사건을 목도한 순간 심장이 멎는 듯한 충격을 진정시키는 시간을 까투리와 함께 가져야 했다. 2~3분 지켜보니 정신을 차린 까투리가 길가 숲으로 멀쩡하게 걸어가고 장끼가 그 뒤를 따랐다. 누가 어떻게 이 생명을 구한 것이냐? 생명은 위대하고 고귀한 것이다. 살아있는 모든 생물체에게.

　숲으로 들어간 까투리를 생각하며 달천 강폭이 점점 넓어지는 강변을 따라 충원대로 길을 길게 걸었다. 유주막마을은 옛날 영남대로의 길목에 있던 주막촌으로 형성되었던 역마을로 유명하다. 강변에는 가을 야생꽃이 꽃숲을 이루고 있었다. 단월교 앞 삼거리에서 충원대로로 이어지고 송림마을 길로 접어들면 달천평야達川平野(모시래들)가 넓게 펼쳐져 있었다. 오후 1시 30분, 22.9km 거리다.

　충주는 한강 상류에 있어 물길로 왕래하기 쉽고 편리했기 때문에 한양 사대부들이 이곳 충주에 살 곳을 정한 곳이 많았다.

달천강변 꽃 숲길

단월동을 지나고 달천평야 사이 마을길과 농로를 거치고 달천동 달천교를 건너면 주덕읍으로 가는 3번 국도 중원대로中原大路가 주덕읍까지 곧게 뻗어 있다. 차량 통행이 급격히 많아진 국도를 지루하게 걸어 대소리 대소원면을 지나 주덕읍 행정복지센터에 당도했다. 오늘 트레킹의 끝 길이다.

---

**오늘의 여정**

---

충주시 수안보면 수안보 휴양관광지구~문강 온천지구~토계리~향산3리~

유주막 삼거리~달천교~대소원면~주덕읍 행정복지센터

출발:　　충주시 수안보면 수안보 휴양관광지구 오전 7시
도착:　　충주시 주덕읍 행정복지센터 오후 4시 20분

걸은 시간: 9시간 20분

걸은 거리: 33.2km / 누계 322.2km

# 11 충청도를 벗어나 경기도로 들어오다

**트레킹 11일째:**
**10월 16일. 일요일. 흐린 후 맑음**

구름이 옅게 낀 아침 날씨는 다소 더운 듯하지만 걷기에는 좋은 날씨다. 주덕 오거리에서 3번 국도 중원대로와 갈라지고 중원대로와 나란히 가는 신덕로로 트레킹은 이어졌다. 차량 통행이 거의 없는 이른 아침이라 걷기에 편한 시간이었다. 걸어온 길은 점점 길어지고 오늘을 지나면 경기도로 들어갈 수 있다는 생각에 무겁던 어깨가 가벼워졌다. 오늘은 마음껏 걸어보자. 무엇이 나의 앞길을 막을 것인가!

주덕초교를 지나고 주유교를 건너 황금 들판이 길게 펼쳐진 들판을 보며 견학리 벌담마을과 학성동을 차례로 지나자 마수리馬水里 마제마을이 1.3km 거리에 있다는 안내 팻말이 보였다. 옛 조상들이 벼농사를 지으며 풍년을 기원하며 불렀던 '마수리 농요農謠'의 고장이다. 일제 강점기에 사라졌던 농요를 복원해 놓았다.

마수리 농요는 모찌기부터 시작하여 벼를 수확하여 방아를 찧기까지의 전 과정을 주제로 삼아 우리 농민들의 세시별 벼농사 과정과 형태를 알려주는 귀한 자료이다. 마수리 농요는 강릉시 학산 마을의 오똑떼기 농요와 함께 오똑떼기 전수관에 전승되어 있다.

이제 용원리 신니면에 이르렀다. 신니면 행정복지센터를 지나 용원 삼거리에서 좌회전하여 신덕로를 지났다. 새말, 미륵댕이, 내포마을, 용당이를 지나면 신덕(용당) 저수지를 오른쪽으로 보게 되고 트레킹 길은 신덕로로 계속되었다. 선당마을, 동락마을을 지나고 한국전쟁 최초 승전을 기념하기 위한 동락전승비東樂戰勝碑가 신니면 동락초등학교 인

신니면 행정복지센터

근에 있었다. 동락초등학교 김재옥 여교사의 재치로 300여 명의 국군이 3,000여 명의 북한군을 격파해 최초의 승리를 거둔 전투였다. 이 전투에서 노획한 소련제 무기로 소련이 전쟁에 개입하였다는 사실이 전 세계에 알려졌고, 16개 나라가 한국전쟁에 참여하는 하나의 계기가 되었다. 김재옥 교사기념비는 동락초등학교 교정에 있다.

> 오늘 우리가 누리는 평화는 임들이 흘린 피 덕분이라네. 임들의 숭고한 뜻 기리노니, 흘러가는 남한강도 기쁨으로 출렁일지어라.
> ─ 전승비에 새겨진 시. 박혜숙 글

동락초등학교를 지나는 신덕로는 계속 이어지고 모도원마을을 거쳐 오생리 오생 1교차로에서 3번 국도 밑을 지났다. 길 이름은 오신로로 바뀌고, 트레킹 길은 그대로 연결된다. 오생 삼거리에서 고속도로 교

동락전승비 안내판

각 밑을 지나 계속되는 길이 오신로다. 오생 2교차로에서도 직진으로 오신로는 계속 이어졌다.

생리 교차로에서 다시 3번 국도 교각 밑을 통과했다. 생극 사거리를 지나 생극면 행정복지센터에서 병암교屛巖橋를 건너 306번 지방도 일생로로 바꾼다. 음성 큰바위얼굴조각공원이 길 왼쪽에 있고 생극추모공원 입구는 오른쪽에 있다. 17만 평 부지에 조성된 185개국 위인 석상 3,000여 점이 살아있는 듯한 모습으로 방문객들을 맞이하고 있었다.

넓은 야외 주차장에도 큰바위얼굴 조각이 있지만 공원 안에는 우리가 잘 아는 예수, 성모마리아, 부처, 단군 등 종교적 인물들과 소크라테스, 플라톤, 아리스토텔레스, 공자, 맹자 등 철학자와 김구, 처칠, 태

**음성 큰바위얼굴 조각공원**

조 이성계 등 정치가를 포함한 3,000여 명의 성인, 장군, 철학자 등의 얼굴 조각이 야외 공원에 배열해 있었다. 각 개인의 커다란 조각상들과 대단한 전시 규모에 감탄이 절로 나왔다. 맥아더 장군은 전신 조각상으로 만들어져 공원 맞은편 길 건너 숲에 가려져 있었다.

이제 충청북도를 벗어나 경기도 이천시 율면으로 들어갔다. 이천시 율면은 부산~양산~밀양~청도~대구~칠곡~구미~상주~문경의 경상도를 지나 충주의 충청도 구간 길을 막 벗어나고 경기도 영남길이 시작되는 곳이다.

"큰 강을 건너면 이로우리라"라는 경기도 이천 율면에 당도했다. 경상도~충청도 영남길 구간의 마지막 지점이자 경기 영남길 구간의 시작 지점인 어재연魚在淵(1823~1871) 장군 고택에 도착하였다. 경기옛길 영남길의 마지막 구간인 10구간에서 시작하여 역 방향으로 1구간으로 가는 트레일이 시작되는 어재연 고택에 도착한 것이 오후 1시 30분이었다. 경상도~충청도 구간은 미리 준비된 지도에 의해 길을 찾아왔고, 지금부터는 경기옛길 영남길 안내 표시를 따라 가면 되는 종주길이다. 트레킹 앱으로도 트레일을 따라 걸을 수 있기 때문에 더 이상 지도가

경기도 영남길의 시작 지점.
이천시 율면 관성1리

필요하지 않다.

어재연 고택을 잠시 둘러보면서 휴식을 취한 후, 트레킹을 계속하면 원삼면까지 갈 수도 있을 것 같았다. 아니면 그 가까이까지는 갈 수 있을 것 같기에 트레킹을 계속하기로 작정하고 경기옛길 영남길 트레일 앱인 램블러를 켰다. '경기옛길 영남길 제10길 이천옛길'이다. 그러나 '따라가기' 길 안내가 작동되지 않는다. 잠시 후 다시 켜도 여전히 '따라가기'가 작동하지 않는다. 트레킹 때 늘 사용해오던 앱이고, 똑같은 작동 방법에 따른 것인데, 어쩐 일인지 오늘은 작동하지 않는 것이다. 지도를 준비했더라면 지도를 따라서, 또한 길 안내 표시를 보고 찾아갈 수 있겠지만 지금은 진행 방향조차 가늠되지 않는다.

앱에서 알려주는 트레일 '따라가기' 없이, 경기옛길 영남길 안내 리본이나 안내 표식을 찾아 따라 걷기에는 농촌 마을길과 산업도로, 많은 산을 넘어야 하는 트레일에 불안감이 강하게 일어났다. 단순히 구글 지도로 길을 하나하나 찾아가기에는 허비하는 시간이 많아 이 또한 현실적 대안이 될 수 없었다. 이러지도 저러지도 못하는 난처한 처지에 빠져 어떻게 해야 할지 갈피를 잡을 수 없었다. 어재연 고택에서 나와 인근 산성1리 마을회관 앞에 있는 전신주에 매달려 펄럭이는 '경기옛길 영남길' 안내 리본을 바라보다 마지막으로 앱 작동을 다시 시도해 보았다. 역시나 '따라가기' 작동에서 멈추었다.

걷기 11일째에 이르니 체력도 많이 떨어졌고 특히 몸이 알려주는 신호가 그만 걷기를 주장하는 것 같아 계속 걷기를 포기한다. 생극면으로 되돌아가 고속버스를 타고 집으로 돌아왔다. 내년 봄을 기약하며.

많이 아쉽기도 했지만 어쩌면 다행이다,라고 스스로 아쉬운 마음을 달랬다.

**어재연 장군 고택. 복원 작업이 한창이다.**

어재연 장군 고택은 1800년대 초에 지은 것으로 추정되는 초가집이다. 앞에 넓은 마당을 두고 사랑채, 안채, 광채가 있는 'ㅁ' 구조의 전형적 한옥 모습이다.

어재연 장군은 고종 때 무관으로 신미양요(1871) 때 미국 로저스 John Rodgers 제독이 지휘하는 미군 군함과 강화도 광성보廣城堡에서 전투를 벌이다 전사하였다. 황현黃玹의 <매천야록梅泉野錄>에는 이렇게 기록되어 있다.

"칼을 들고 싸우다가 칼이 부러지자 납으로 된 탄약을 적에게 던지며 싸웠으며, 적의 창에 난자되고 머리를 베어갔다."

## 오늘의 여정

충주시 주덕읍 행정복지센터~신니면 행정복지센터~신덕저수지~동락초교~생극면~큰바위얼굴조각공원~경기도 이천시 율면 어재연 장군 고택

출발:　　충주시 주덕읍 행정복지센터 오전 6시 40분
도착:　　경기도 이천시 율면 어재연 장군 고택 오후 1시 20분

걸은 시간:　6시간 40분
걸은 거리:　24.9km / 누계 347.1km

# 12 '나를 잊으라'는 죽산성지

**트레킹 12일째:**
**2023년 3월 27일. 월요일. 맑음**

2022년 10월 가을에 시작한 영남길 트레킹은 출발지 부산 동래읍성에서 시작되어 경기도 이천시 율면 산성리에 있는 어재연 장군 고택에 도착한 것으로 11일 간의 1차 트레킹이 이루어졌다. 경상도~충청도 구간을 걸은 것이다. 이제 영남길 완주에 남은 경기도~서울 구간의 트레킹을 이번에 마침으로써 영남길 트레킹은 완성될 것이다.

    영남길 경기 구간은 경기도에서 영남대로를 잘 정리하여 '경기옛길 영남길' 이름으로 길 표시 안내판 및 안내 리본 등이 곳곳에 부착되어 있다. 리본이나 안내 표시를 따라가면 길 찾기에 큰 어려움이 없을 것 같기도 한다. 그러나 논밭이나 마을길, 산길 등에는 안내판이나 안내 리본 등이 훼손되어 길찾기에 많은 애로가 있을 수 있기에 램블러 앱의 경기옛길 영남길을 따르면 더 정확하고 빠르게 길을 찾아갈 수 있다.

    집에서 승용차 편으로 출발지 경기도 이천시 율면 산성1리 어재연 장군 고택으로 갔다. 2022년 10월 16일에 본 어재연 장군 고택 보수 공사는 여전히 진행 중이었지만 공사 현장에는 작업을 하고 있는 흔적은 찾을 수 없었다. 보수 공사가 중단된 채 시간만 흘러가고 있었다. 5개월이 흐른 지금에도 여전한 모습이다. 완성된 고택 모습을 볼 수 있을 것이란 기대에 어긋난 작은 실망감을 안고 트레킹은 시작되었다.

    옛적 어느 마을에서든 장수나 충신이 태어나면 그곳을 상징하는 자연물이 함께 생겨나거나 아니면 미리 생겨나 있게 마련이다. 어재연 장군 고택을 벗어나면 길 왼편에 큰 느티나무가 있다. '부정 타는 느티

부정 타는 느티나무. 어재연 장군 고택을 드나드는 입구 길에 있다.

나무'로 불리는 수령 100년의 나무다. 어재연 고택을 드나들 때 항상 정결함과 공손함을 바라는 뜻으로 여겨지는 나무에 전래된 이야기다.

　고택이 있는 산성1리에서 시작된 트레킹은 산성2리 마을길로 이어졌다. 318번 시도를 벗어난 한적한 마을길이다. 3월 하순이라 하지만 다소 쌀쌀한 날씨였다. 석산리 부레미마을 배농장을 지나는 조용하고 고요한 시골 마을길을 따라 천천히 걸었다. 길가에 군데군데 경기옛길 영남길의 리본이 봄바람에 살랑살랑 나부끼는 것을 보면서 편안한 마음으로 길 걷기는 계속되었다.
　적막감만이 나를 감싸고 돌았다. 따뜻한 봄기운에 농로 가장자리에는 파릇파릇 솟아난 상큼한 야생풀들이 긴 겨울의 얼고 굳어진 검붉은 흙을 부수며 올라오고 있었다. 기지개를 켜면서 봄바람에 몸을 내맡기고 있는 것이다.
　적적한 농촌 마을길은 좌우로 초록의 나뭇잎을 맞을 준비로 가득하였다. 한가하게 이어지는 트레일은 석산2리에서 산성2리를 연결하는 '소뚝도랑 둘레길'을 만나게 된다. 3개 코스 9.3km로 구성된 이 둘레길은 논과 논 사이, 논과 밭 사이, 마을 뒷동산을 거치는 자연 풍광이 가득한 순박한 둘레길이다. 영남길 트레일은 석산2리를 거쳐 석산1리로 이어졌고 넓은 논에는 울룩불룩한 근육질의 논고랑 흙이 몸을 털듯 움찔움찔하며 지나가는 나그네를 신기한 듯 보고 있었다. 논고랑 곁을 지키는 밭에는 대지의 향수香水, 봄의 향수인 구수한 두엄 냄새가 코를 때린다.

　답답하고 알량했던 마음을 단숨에 움켜잡고 활짝 펼쳐놓았다. 무엇이? 넓은 땅이! 찰지고 넓은 땅이 참 좋다. 가슴이 후련하였다.

석산1리 마을 사이로 이어지는 트레일은 515번 시도 금융로를 가로질러 산양교山陽橋를 지나면 석산리에서 산양리로 들어간다. 산양2리 마을회관을 지나는 마을길은 논과 밭으로 둘러 있고, 농촌은 아직 잠에서 깨어나지 않은 듯 들판에는 농부가 보이지 않는다. 졸졸 흐르는 작은 개울을 만나는 트레일은 개울물과 함께 한동안 동행했다. 아직 논에 물을 대는 시기가 아닌 듯, 흙을 뒤엎어놓은 이랑이 있는 논이 있는가 하면, 지난 가을 벼베기 후 아직 그대로 남아 있는 논들도 있었다. 이제 조금 지나 농사철이 되면 졸졸 흐르는 개울물이 그 가치를 나타낼 것이다.

　　논가에 세워진 전신주에 붙어 있는 전원電源이 저 흘러가는 개울물을 그냥 두지 않을 것이며, 물 한 방울까지도 논으로 끌어올릴 것이다. 벼농사는 전기가 짓는다. 저수지가 어디에 있든 물이 있는 곳이면 호스로 물을 논과 밭으로 옮겨준다. 전기의 힘이다.

　　크고 작은 논밭길을 지나 318번 시도 일생로와 다시 만난다. 12시 20분, 6.3km 지점으로 걸은 지 1시간 50분이 지났다. 이제 트레일은 한적하고 고요한 농촌 마을길을 벗어나 차량 통행이 많은 국도를 따르게 된다. 큰길가의 영일농장을 지나 10코스 출발점이자 9코스 종점인 안성시 일죽면 금산리 버스정류소에 도착하였다. 오후 12시 40분이다. 정류장에서 잠시 휴식을 취하고, 뒷편에 있는 금산교회를 보며 좌회전하여 트레일은 계속 이어졌다.

　　쌀쌀했던 아침 날씨에 비해 기온이 오른 지금은 걷기 좋은 날씨다. 수미들로 이어지는 논과 밭이 계속되고 노루래기 들판이 넓게 펼쳐진 논밭 사이로 봄은 조금씩 다가오고 있다. 노루래기 들판을 뒤로 하고 금옥리 금옥회관을 건너보며 트레일은 이어지고 잠시 후 318번 일생로를 따라 걸었다. 차량 통행이 많은 도로다. 금산산업단지를 지나 넓은 터를 차지하고 있는 청풍쉼터에 이르렀다. 대형 트럭들과 화물차, 승용

차들이 들어오고 나간다. 길 따라 오던 안내 리본이 보이지 않았다.

청풍쉼터를 지나 대로를 따르다 세븐일레븐 편의점 앞에서 대로를 건너 판교길로 접어들었다. 공장 건물들이 있는 사잇길이다. 자칫하면 놓치기 쉬운 길목이다. 다시 안내 리본과 길바닥에 페인트로 트레일이 표시되어 있다. 이리저리 휘어지며 계속되는 마을길에 안성 메가스터디 기숙학원이 눈에 들어왔다. 조그마하고 한갓진 농촌 마을길이 길게 이어진다. 길 옆 판교회관이라 새겨진 단층 벽돌집에서 흥겨운 노래가 흘러나온다. 마침 문을 열고 나온 할머니 덕분에 노래 가사가 들렸다.

"해당화 피고 지는 섬마을에 철새 따라 찾아온 총각선생님~~~~"

이미자의 '섬마을 선생님'이다. 우뚝 서 있는 나를 보더니 아저씨(?)도 들어와 한 곡하고 가란다. 나를 아저씨라 불렀다. 얼마 만에 들어보는 호칭 '아저씨'냐? 하기야 등산복을 입고, 등에는 커다란 배낭을 메고 검은 선글라스에 모자를 쓰고 있었으니 영락없는 아저씨였을 것이다.

오늘은 웃음 치료사 선생님이 와서 기쁨을 선물 주는 날이라 하였다. 다시 '동백 아가씨'로 노래는 계속되었다. 안성시에서 마을마다 차례로 돌아가며 노래 선생을 보내준단다. 노래가 울려 나오는 한갓지고 평화로운 마을이다. 지방자치단체에서 관내 문화예술 사업의 일종으로 농어촌 삶의 질을 높여주는 행정이다.

이어지는 길은 329번 지방도 금일로를 지나 장암교長巖橋를 건너 장암리로 들어갔다. 장암리 마을길을 따라 논과 밭 사이로 연두잎들이 뽀송뽀송하게 달린 나뭇잎이 봄을 재촉하고 있다. 마을을 이웃하고 있는 소 축사의 크고 작은 칸살 속에 소들이 무릎 꿇고 앉아 여물을 갈아 먹고 있었다. 그 큰 눈으로 나그네를 우두커니 쳐다본다. 순한 눈망울이 내 시선을 사로잡았다. 어쩌면 저렇게도 순한 동물이 그렇게도 순하지 않은 인간 곁에서 살고 있을까?

죽산성지

　35번 중부고속도로를 가로 질러 작은 내를 건너는 죽림15교를 지나 종배길로 이어지는 죽산성지竹山聖地에 이르렀다. 오후 2시 50분, 14.5km 거리다. 천주교 박해의 아픈 역사를 간직한 죽산 순교성지는 지금의 죽산 행정복지센터에서 고문을 받고 이곳 성지에서 처형당한 24인의 순교자를 모신 곳이다. 이곳에 끌려오면 죽은 목숨이나 다름없으니 '나를 잊으라'라는 뜻의 '잊은터'라 불리기도 하였다.

　원래 이곳은 고려 시대 몽고군이 죽주산성竹州山城을 공격하기 위해 진을 쳤던 곳이라 하여 이진터라 불렀다. 광장, 성당, 피정관, 묵주 기도의 길, 충혼탑이 들어서 있고 넓은 주차장에는 커다란 예수상이 눈길을 끌고 있었다. 잘 다듬어진 성지에는 갓 피어난 진달래가 봄의 향기를 듬뿍 뿌려주고 있다. 평일 오후인데 순례자는 없고 넓고 넓은 성지만이 조용히 봄볕을 맞고 있다.

　안내를 잘해주던 트레일 리본은 없어지고 트레일 끝과 맞닥뜨린 주차장 입구에 영남길 팻말이 주차장 정문을 향해 표시되어 있었다. 표시를 따라 주차장을 가로질러 갔으나 그 끝자락에는 화장실 닮은 건물이 앞을 가로막고 있을 뿐 길이라고 느낄 만한 아무런 징표도 없었다. 마침 성지 정비 작업을 하는 사람이 있기에 주차장 끝을 지나가는 길이 있느냐고 물으니, 길은 없고 주차장 입구 왼쪽 길로 나가는 길만이 있다고 일러주었다. 다시 입구로 되돌아와 주차장 왼쪽 길과 성지 담 사잇길 바닥에 붉은색과 초록색 길 표시가 진행 방향으로 그려져 있는 것을 발견했다. 아, 이 길이구나 생각하며 길을 확인한 후 벤치에 앉아 늦은 점심을 먹었다.

표시된 길로 걸어가니 경기옛길이라 적힌 빨간색과 초록색 리본이 나무에 매달려 있었다. '경기옛길 영남길'로 표시되어야 하는데 그냥 '경기옛길'이라니. 아니다 싶었다. 영남길 표시 리본색은 빨강과 파랑색이다. 다시 주차장 입구에 있는 영남길 안내 표시까지 되돌아갔다. 램블러 앱도 주차장 입구에 있는 영남길 안내 표시와 일치한다. 그 후 진행 표시는 주차장 경계 나무숲으로 이어진다. 길이 없는 방향이다. 밝은 대낮에 두 눈 부릅뜨고 트레킹 길을 잃어버린 것이었다.

어쩔 수 없이 경기옛길로 갔다가 돌아나오는 길로 죽산성지 주차장 끝자락에 다다르니 경계나무 숲 사이로 작은 토끼길이 보였다. 트레일이었다. 주차장 입구에서 커다란 예수상을 지나고 화장실 건물을 지나 주차장 끝까지 와야 영남길 트레일을 만날 수 있었다.

30여 분의 아까운 시간을 허비하고 트레킹은 계속 이어졌다. 죽산성지의 진달래는 피어 있지만 마을길과 들판길이 교대로 이어지는 담자락에 피어난 개나리는 겨우 노랑 꽃잎만 살짝 내밀고 있다. 봄이 오는지를 살피고 있는 모습이었다. 3월 하순 봄의 계절에 지금은 봄 같지 않은 날씨다.

胡地無花草 호지무화초
春來不似春 춘래불사춘
오랑캐 땅에 꽃이 없으니
봄이 와도 봄 같지 않구나.

당나라 시인 동방규東方珪가 지은 '소군원昭君怨' (왕소군의 원망)이라는 시의 한 구절이다. 중국 4대 미녀 왕소군王昭君이 한나라와 흉노의 화친을 위해 오랑캐인 흉노 선우(왕)에게 시집을 갔던 슬픈 역사적 사실을 노래한 시다. 지금도 회자되는 '춘래불사춘'은 흉노 땅에 봄이 왔음에도 고향 땅(한나라)과 달리 화사한 꽃이 없어 봄 같지 않아 더욱 더욱 사무치게 고향을 그리워했을 왕소군의 애절한 심정을 읊은 것이다. 실제로 왕소군이 선우 호한야呼韓邪가 죽은 후 고향인 한나라로 돌아가겠다고 한나라 조정에 간청했으나 받아들여지지 않아 결국 흉노 땅에서 죽었다.

왕소군의 아름다운 얼굴에 얽힌 일화가 있다. 흉노의 호한야에게 조공으로 떠나갈 때, 왕소군이 말 위에 앉아 비파로 이별곡을 연주했다. 마침 남쪽으로 날아가던 기러기가 왕소군의 구슬픈 비파 소리를 듣고 땅을 내려다보았다. 말 위에 앉아 비파를 뜯고 있는 왕소군의 아름다운 얼굴을 보다가 날개짓 하는 것을 잊어 땅에 떨어졌다는 이야기다.

봄이라 하기에는 아직도 쌀쌀한 날씨 때문에 개나리도, 벚꽃도 피지 않아 봄기운을 마음껏 느낄 수 없었다. 안성 죽산천 인공습지를 지나 장원교長院橋와 죽산교를 건너 오늘 목적지인 죽산 시외버스터미널에 도착하였다. 4시 30분, 18.5km 거리다. 죽산 터미널에서 이천까지 버스로, 이천에서 경강선 열차를 타고 집으로 돌아왔다. 집에서 출발하는 트레킹이 시작된 날이다.

**오늘의 여정**

영남길 10코스:　이천 옛길

이천시 율면 어재연 장군 고택~산성 2리~석산리~산양리~안성시 일죽면 금산리

영남길 9코스:　죽산성지 순례길

일죽면 금산리~금산산업단지~청풍쉼터~판교 마을회관~장암리~죽림15교~ 죽산 순교성지~안성 죽산천 인공습지~죽산교~안성시 죽산면 시외버스터미널

출발:　　이천시 율면 어재연 장군 고택 오전 10시 30분

도착:　　안성시 죽산면 시외버스터미널 오후 4시 30분

걸은 시간:　6시간

걸은 거리:　18.5km / 누계 365.6km

# 영남길

# 4

안성시 죽산면 버스터미널 ——————— 서울시 종로구 경복궁 근정전

## 13 　　몽고군을 물리친
　　　　처절하고 위대한 승전지

**트레킹 13일째:**
**3월 28일. 화요일. 맑음**

집에서 아침을 먹고 승용차로 어제 트레킹 도착지였던 죽산 시외버스 터미널에 도착하였다. 죽산竹山(매산리)은 영남대로가 조령과 추풍령으로 갈라지는 분기점이다. 삼국 시대부터 전략적 요충지였고 고려와 조선 시대에는 도성의 방어와 관련하여 중요시된 곳이었다. 한양 과시장으로 가는 유생들은 추풍령으로 가는 길은 피하고 조령鳥嶺(새재)을 넘는 길을 택하였다.

　　죽산 터미널에서 죽산고등학교로 향하는 죽산향교 길로 직진했다 오른쪽 길로 들어가는 마을길을 걷는다. 봉업사奉業寺 길로 우회전하면 옛 봉업사터 발굴 작업 현장을 지나게 되고 바로 서동대로가 보이는 지점에서 좌회전했다. 서동대로를 오른편에 보며 마을길을 따른다. 매산리 석불입상이 길 왼쪽에 있었다. 5층 석탑 인근에 있는 석불입상은 두려움을 없애주고 소원을 들어주는 태평 미륵 불상이다. 미륵당彌勒堂이라 부르는 높은 누각 위에 모셔진 높이 5.6m의 미륵 불상이다.

　　미륵은 석가모니 다음으로 부처가 될 것으로 정해져 있고, 보살과 부처의 두 가지 성격을 가지고 있다. 그래서 모습 또한 보살상과 불상 두 가지 형태로 제작되는데, 매산리 석불입상은 보살상으로 만들어져 있다. 입상의 형태로 보아 고려 시대에 제작된 것으로 추정된다.

　　미륵보살은 석가모니불이 열반한 뒤 56억 7천만 년이 지난 후 인간 세계에 나타나 용화수龍華樹 아래에서 세 번 설법하고 성불하여 석가모니가 구제할 수 없었던 중생을 구제한다는 보살이다. 그래서 지금도 천상의 도솔천兜率天이라는 곳에서 수행을 계속하고 있다고 한다. 기원전 544년에 석가모니불이 열반하였으니 지금부터 2,567년 전이다. 우주의 빅뱅으로 지구가 탄생한 것은 45억 6천만 년 전이라 한다. 그렇다면 지금의 지구 나이에서 10억여 년을 더 있어야 미륵보살이 오게 되는 것 아닌가? 하기야 고대 인도에서는 90억 년마다 세상이 재창조된다고 믿었다 한다. 이 석불입상이 있는 길이 미륵당길이다. 미륵당길 끝자락에서 왼쪽으로 죽주산성竹州山城으로 올라갔다.

죽산의 옛 이름인 죽주에서 유래되어 죽주산성으로 이름 지어진 산성은 넓은 평지로 이루어져 있다. 3겹의 토석성은 성둘레 1,688m, 높이 2.5m로 현재는 석축만 남아 있다. 고려 1236년(고종 23) 몽고군의 제3차 침입 시 죽주 방호별감防護別監 송문주宋文冑가 성안으로 피신해 온 백성들과 합세하여 15일 전투 끝에 몽고군을 물리친 전적지다. 이는

죽주산성 성문

6차에 걸친 몽골 침입에서 고려가 승리한 대표적인 전투 중 하나였다.

성안에는 몽고 침입 때 큰 공을 세운 송문주 장군을 기리는 장소와 함께 싸우다 죽은 군민들을 기리는 장소도 있다. 허물어지고 이끼 낀 성곽을 바라보노라니 살벌한 몽고군에 항전하던 장군과 죽주 백성들의 충절과 의기를 되새기지 않을 수 없었다. 눈앞에 오랑캐를 두고 대치하던 마음은 어떠했을까? 죽기 살기로 싸워야만 했던 처절한 정황을 느낄 수 있었다.

전쟁이 있기에 평화를 갈구하고, 평화가 있기에 전쟁의 두려움을 아는 '전쟁과 평화'는 톨스토이 소설에만 있는 것이 아니다. 옛날이나 지금이나 전쟁과 평화는 항상 우리 곁에 있었고 지금도 있는 것이다. "평화를 원하면 전쟁을 준비하라"는 로마인의 충고를 언제나 잊지 말아야 하지 않을까? 이렇듯 영남길은 전쟁의 참화가 많은 길이고 구국의 길이다.

경사진 성곽을 따라 오르내리며 걷는 길은 호젓한 산길이다. 봄기

**포가 설치되었던 북벽 포루**

운이 나그네와 동반하는 등산길이기도 하다. 지난 가을에 떨어진 가랑잎이 길을 내주고, 청아한 새소리도 끊이지 않고 들려오는 고즈넉한 트레일이다. 소나무가 무리를 이룬 군락지와 아직 봄 잎을 채 만들지 못한 키 큰 낙엽송들이 작은 관목들과 조화를 이루고 있다. 이처럼 자연풍광이 빼어난 성곽길을 걸어 포가 설치된 북벽 포루를 지났다. 외성에서 내성으로 이어지는 아름드리 울창한 소나무 숲길을 지나고 낙엽이 곱게 구르는 바닥에 커다란 돌들이 박혀 있는 내성 성곽 북문지로 향했다. 성벽 뒤쪽에는 깊은 계곡이 있어 그늘이 져 있었다.

성벽은 외성과 내성이 연결되기도 하고 끊기기도 하였다. 안성 일대가 한눈에 내려다보이는 죽주산성을 가로질러 내려가면 비봉산飛鳳山 372m로 연결되는 산길이 오르내리기를 반복하며 트레킹 길에서 험한 등산길로 바뀌었다. 나무 사이사이로 막 피기 시작한 진달래가 삭막했던 산길에 붉은 색채감을 더해주었다. 이윽고 비봉산 정상에 올랐다. 10시 25분, 5.8km 거리다.

비봉산 캠핑장을 아래로 두고 산길을 내려오면 내장리를 거쳐 율현리마을에 이르렀다. 12시 15분, 11.2km 지점이다. 율현리마을 사이를 지나 뒷동산으로 연결되는 삼백로 길을 따라 석천교石川橋에 이른다. 영남길 8코스 출발점이자 7코스 종점이다. 12시 50분, 13.5km 지점이었다. 석천교를 지나면 석천리 황새울마을이 나타난다.

옛날부터 황새들이 무리를 지어 날아와 서식하던 곳이며, 산으로 둘러싸인 지형이 황새 부리를 닮았다 하여 붙여진 마을 이름이다. 옹기종기 모여 있던 옛 마을의 모습과 정취는 온데간데없이 사라지고 전원주택인 듯싶은 커다란 양식주택들이 띄엄띄엄 보일 뿐이다. 아름다운

석천리 황새울마을. 옛 마을의 모습과 정취는 사라지고 없다.

이름 '황새울'은 정작 한참이나 먼 길을 떠나가 성남시 분당구 탄천을 거치는 길인 '황새울로'로 다시 태어나 있다.

트레일은 개울을 따라 덕은 소류지를 지나고 조비산鳥飛山 294.5m로 향하고 있다. 용인에서 가장 아름다운 산으로 꼽히는 조비산은 들판 가운데 봉우리가 우뚝 솟은 돌로 정상을 이루고 있는 산이다. 높고 가팔라서 빼어난 모습이 기이하게 보인다. 어느 방향에서 보아도 아름다움과 멋이 다양하고 변함없는 산이다.

새가 날아가는 모습을 따서 지어진 조비산은 한양 방향인 북쪽이 아니라 반대 방향인 남쪽으로 날아가는 형태라 하여 역적산逆賊山으로 불리기도 했다. 우뚝 선 봉우리 형태이며 정상으로 가는 가파른 경사길이 힘든 발걸음을 요구한다. 정상에 오르기까지 가파른 숨을 연신 내뱉으며 오른 조비산은 내려가는 길 또한 가파른 내리막길이다. 좁은 등산로가 이리저리 굽어지며 길게 이어졌다.

안성시와 용인시 경계를 넘어 정배산鼎陪山 282.9m로 가는 트레일로 이어지고 얼마 동안 걸은 뒤에 조선 후기 실학자로 새로운 학풍을 일으킨 반계磻溪 유형원柳馨遠 선생의 묘소에 들렸다. 계속 걸음을 재촉해 정배산 정상에 올랐다. 오후 2시이고 18.6km 지점이다. 발아래로는 블루원 용인CC를 내려다보며 걷는 숲속 길에는 서어나무, 굴참나무, 층층나무들이 나그네를 맞는다. 아직 잎을 밀어내지 못한 진달래가 나무 사이로 숨바꼭질하듯 여기저기에서 새빨간 꽃잎을 숨기며 지나가는 트레커를 반겨주고 있었다.

길 방향에 따라 보이다 숨었다 하는 블루원 용인CC에는 봄날 라운딩을 즐기는 골프 플레이어들의 희미한 목소리가 이따금씩 들려왔다. 골프 치고 싶은 욕망이 갑자기 솟구친다. 낮은 지역에 펼쳐진 골프 코스를 보며 다시 길목은 높은 곳으로 거슬러 올라갔다. 달기봉(418.8m=계봉[鷄峰])이다. 오후 3시 20분, 20.9km 지점이다.

한남정맥漢南正脈이 달기봉을 감싸 안고 있다. 한남정맥은 한반도 13정맥 중 하나로 안성시 칠장산七長山에서 시작하여 김포 문수산文殊山까지 이어지는 산줄기의 옛 이름이다. 수도권을 감싸 안고 있으며 도상 거리는 180km에 이른다. 달기봉을 지나 용인의 진산이라 불리는 구봉산九峯山 461m가 높은 마루에서 나를 기다리고 있었다.

조비산에서 시작된 영남길 7코스는 여느 트레킹 트레일이 아니다. 경기옛길 영남길 중에서 가장 거리가 길고 험난하다. 마치 산악 등산길처럼 오르고 내리기가 반복되었다. 영남 유생이 한양 과시장 길에 이처럼 험한 산길이 있을 줄 꿈엔들 생각했을까? 수백 년 전의 과시장 길이었다. 초시에 낙방하면 어떤 힘으로 이 험난한 고생길을 또 걸어 고향으로 돌아갔을까? 길가에도 나무 사이에도 울긋불긋 예쁘게 핀 진달래 꽃도 무심하게만 보였으리라.

조비산

　무거운 발걸음을 힘들게 옮기면서 구봉산 정상에 올랐다. 오후 4시 20분, 23.7km 거리다. 조선이 한양으로 도읍을 정하기 전에 서울의 삼각산(북한산), 공주의 계룡산과 용인의 구봉산이 일차적 도읍지로 선정되었을 정도로 신령스러운 산으로 여겨졌다. 용인 동부 지역의 중심산이고 정배산鼎排山과 조비산鳥飛山은 구봉산의 지산이라 할 수 있다.
　드라마 촬영세트장 등 용인이 한눈에 보이는 풍광을 즐기며 잠시 휴식을 취했다. 구봉산 내리막길은 블루원 용인CC를 내려다보며 걷는 숲길이다. 골프장 티샷을 볼 수 있는 평지길이 이어지다가 다시 내리막길을 걸어 구봉산 펜션단지에 이르렀다. 이곳 펜션단지 끝자락에서 우회전하여야 한다. 무심코 지친 발걸음이 걷기 좋은 내리막길을 따르면 낭패를 보게 된다.
　SK하이닉스 원삼 일반산업단지를 조성하는 토목공사가 한창인 넓은 공사장 가운데로 트레킹 길이 지나간다. 이 단지가 완성되면 경기옛길 영남길 7코스는 어떻게 될까? 이런 걱정도 잠시일 뿐 국가의 명운이 걸린 반도체 전쟁의 최전선 진지 구축작업이 한창인 현장을 지나고 있으니 지친 발걸음이 다시 힘을 얻는다. 트레킹 코스도 준공 후 잘 보존되리라 믿으며 걷는 길은 어느덧 독성리를 지나 독성교篤城橋에 이르렀다. 경기옛길 영남길 7코스 출발지이자 6코스 종점이다. 오후 6시, 29.5km 지점이다.

독성교에서 원삼면 행정복지센터를 향해 걸어갔다. 택시도 없고 버스를 기다리기에는 시간이 많이 소모된다. 독성교를 지나 마을길을 따라 영남길 6코스로 원삼면 행정복지센터에 당도했다.

오늘은 트레킹이 아닌 등산길로 하루를 지나왔다. 길고 긴 하루였다. It's long day today. 이처럼 험하고 힘든 길이 어떻게 한양 도성에 이르는 길이 되었을까? 과거 시험을 치르는 유생들은 이 험한 산길을 넘기 위해 얼마나 많은 짚신을 소모했을까? 내 등에 멘 백팩보다 더 많은 부피의 짚신을 소모했을지도 모른다. 옛길을 걷던 짚신은 한 켤레에 약 10리, 즉 4km 정도를 걸을 수 있었다. 짚신보다 더 강한 미투리는 그 10배에 달하는 100리길, 즉 40km를 걸을 수 있었고, 이에 비해 가죽신은 미투리보다 값이 10배나 되었다. 영남길은 짚신 100켤레 이상이 필요한 거리였다.

고려 시대에 역참과 역참의 거리는 약 100리 40km였다. 따라서 역참에서 짚신을 구하거나 중간중간에서 값을 치르고 새 짚신을 사서 걸었을 것이다. 우리가 흔히 말하는 '한참 간다'는 말은 역참과 역참 거리 100리 40km를 뜻하는 말이다. 말이 하루를 달려갈 수 있는 거리가 100리 40km였다. 조선 시대는 30리 12km가 한 참이었다. 몽골제국이 후에 원으로 나라 이름을 바꾼 후, 광활한 제국 영토를 효율적으로 통치하기 위해 이 역참제도를 만들었다. 따라서 자연히 고려가 이 제도를 도입했을 것이다.

　　원삼면에는 모텔도 택시도 없었다. 파출소 경찰의 도움으로 버스를 타고 용인까지 오고, 용인에서 경전철로 집으로 왔다.

---

**오늘의 여정**

---

영남길 8코스:　　죽주산성길

안성시 죽산면 시외버스터미널~매산리 석불입상~죽주산성~비봉산~
백암면 석천리 황새울마을

영남길 7코스:　　구봉산길

백암면 석천리 황새울마을~조비산~정배산~구봉산~둥지골 연수원~원삼면 독성리
독성교~용인시 원삼면 행정복지센터

출발:　　안성시 죽산면 시외버스터미널 오전 8시 30분
도착:　　용인시 원삼면 행정복지센터 오후 6시 30분

걸은 시간:　10시간
걸은 거리:　31.6km / 누계 397.2km

# 14. 청년 김대건의
## 순교정신이 서린 곳

**트레킹 14일째:**
**3월 29일 수요일. 맑음**

원삼면 행정복지센터 삼거리에서 이천시로 가는 57번 지방도를 따라 걸었다. 어제보다 기온이 올라 걷기 좋은 날씨에 차량 통행도 많지 않은 아침길이다. 1km 지점에서 대로를 건너 왼쪽으로 굽어 들어갔다. 고당리를 지나 사암리 내동리 연꽃마을로 가는 마을길이다.

내동마을은 원래 논을 경작하던 마을이었으나 대체 작물로 연꽃을 재배하는 연꽃단지로 탈바꿈하여 연꽃마을로 유명해졌다. 넓은 연꽃단지는 여러 곳으로 나뉘어져 있었다. 백련, 홍련, 수련, 큰가시연 등 다양한 연꽃들이 심어져 있었다. 8월 연꽃 개화기에는 활짝 핀 연꽃 물결을 볼 수 있으나 지금은 볼 수 없어 많이 아쉬웠다.

내동 연꽃마을. 연잎이 막 돋아난 때의 모습이다.

그 대신 이제 막 피기 시작한 벚꽃이 제방 둑 양편에서 벚꽃터널을 만들고 있었다. 내동마을을 나와 농경문화전시관을 지나면 용인 농촌테마파크에 이른다. 자칫하면 테마파크로 들어갈 뻔했지만 입장권을 체크했기 때문에 테마파크를 지나 법륜사에서 트레일은 다시 시작되었다.

법륜사法輪寺는 조계종 소속 사찰로 무아당無我堂 상륜相侖 스님이 2005년 창건한 사찰이다. 비구니인 상륜 스님은 1996년 서울 삼각산 승가사僧伽寺에서 정진하던 중 관세음보살을 현몽하고 용인시 문수산 자락에 절을 창건했다. 그 절이 법륜사다. 규모가 큰 기도 도량 법사이기도 하다.

법륜사 옆길로 시작되는 문수산성文殊山城 길로 접어들었다. 농촌테마파크 뒷산으로 연결되는 길이기도 하다. 산 능선을 걷는 오르막길이 계속되었다. 어제부터 길게 걷게 된 산길이 오늘도 아침부터 이어졌다.

법륜사의 관음전과 대웅전. 왼쪽 대웅전이 여타의 절 대웅전과 다른 특이한 모습이다.

**문수산 마애보살**

　가파른 산길은 연이어 이어지고 가쁜 숨결도 산길만큼이나 길게 내뿜어졌다. 산길은 이리저리 휘어지다 곧게 내리고 오름길과 내림길이 교차했다. 아직 피지 않은 헐벗은 나무 사잇길로 트레일은 이어졌다.
　　문수봉 정상에 이르기 전 200m 지점 왼쪽에 두 개의 마애보살상磨崖菩薩像이 암벽에 새겨져 있다. 양쪽 보살상은 높이가 약 2.7m이고 서로 대칭을 이룬다. 왼쪽 보살상은 북동쪽, 오른쪽 보살상은 해가 뜨는 남동쪽을 바라보고 있다. 이곳 산 이름인 문수봉으로 미루어 왼쪽은 문수보살文殊菩薩, 오른쪽은 보현보살普賢菩薩로 추정된다.

　　마애보살상을 지나 문수봉 403.2m에 이르렀다. 산죽이 많은 곳으로 오전 10시 40분, 5.7km 거리다. 문수봉에서 다시 길게 이어지는 산능선 길은 오르내리기를 반복한다. 300~400m 단위로 이어지는 봉우리를 오르내리느라 점차 지쳐가는 몸을 추스르기 바빴다. 산봉우리가

7개로 이루어진 칠봉산 줄기의 봉우리를 오르내리며 걷는 길이다. 험하고 반복되는 등산길을 걷는 발걸음이기에 힘 드는 것이 아니라 아예 힘이 빠진다.

등이 굽은 할아버지 자세가 되어 경사길을 버티며 올랐다. 힘들게 오르면 당연히 다시 내리막 능선길이다. 쉬운 듯 저절로 내려가지는 내리막길이 무서워진다. 네팔 안나푸르나 히말라야 트레킹 때와 같은 심정이었다. 내림길 끝자락에는 반드시 오름길이 뒤따랐기 때문이었다. 주저앉아 쉬기라도 하면 다시 일어설 수 없을 것 같은 느낌에서 계속 걸어야만 했다. 그것이 최선의 방법임을 오랜 길 걷기에서 터득한 것이었다.

문수봉에서 칠봉산 정상으로 가는 7개의 봉우리 중 5개의 봉우리를 오르내리는 이 트레일은 그 어느 트레킹보다 인내와 끈기가 있어야 한다. 완주하겠다는 결기가 가득하지 않으면 넘기 힘든 고갯길이다. 어떻게 이런 험한 길이 영남 유생들의 과시장 길로 만들어졌고, 또 어떻게 보부상들과 관헌들이 다닌 영남대로 길이 될 수 있었는가? 오고가는 유생들의 결기와 부자가 되겠다는 보부상의 결기가 이 산길을 넘고 넘게 만들었을 것이다.

문수산성길 정상으로 이어지는 오르내리는 능선길은 '청년김대건길'과 일부는 겹치기도 한다. 곱든고개와 신덕고개를 넘고 넘는 '한국의 산티아고 순례길'이라 불리는 이 길은 청년김대건길, 문수산길, 골배마실길, 한덕길, 고초골공소길의 5개 코스로 이루어져 있다. 그중에서 김대건길과 문수산길이 영남길과 겹친다.

청년김대건길은 용인 은이隱里 성지에서 안성 미리내 성지까지 걷는 길로 은이성지를 출발하여 '향주삼덕向主三德'의 삼덕(믿음)고개~망덕(소망)고개~애덕(사랑)고개~미리내 성지까지 이어지는 10.3km이다. 이

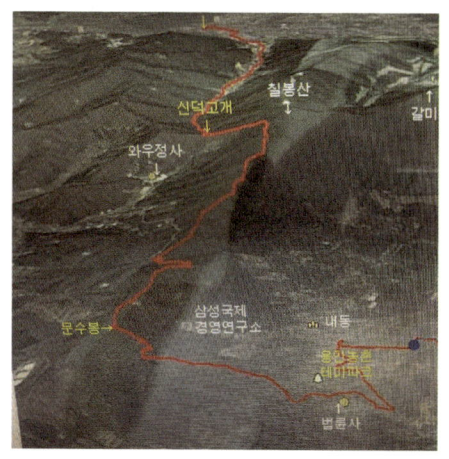

문수산성길.
험한 등산길이다.
naver 사진

길은 200년 전 김대건 신부가 첫 미사를 드린 곳이며 서울 새남터에서 순교한 후 시신이 옮겨진 길이기도 하다. 역사적으로 고통과 아픔이 고스란히 남겨진 순례길이다. 은이산을 왼편에 두고 은이성지로 내려가는 길이 길게 이어졌다.

    문수봉에서 신덕고개를 거쳐 은이 성지로 가는 길은 7개의 봉 중에서 5개 봉을 오르내려야 하는 산길이다. 신덕고개를 넘어 산길을 내려가면 그 끝자락에 원삼 일반산업단지 조성 공사가 한창이다. 야산을 공장 부지로 만들기 위해 구릉을 깎고 메우는 토목공사가 눈앞에서 장관을 이룬다. SK 반도체클러스터가 들어설 자리다.
    은이골 가족캠핑장을 지나 은이성지에 이르렀다. 오후 1시 10분, 12.7km 지점이다. '은이'라는 말은 '숨어 있는 동네'라는 뜻으로 천주교 박해 시기에 숨어 살던 천주교 신자들에 의해 형성된 교우촌이다. 김대건 신부가 박해를 피해 고향인 충남 당진에서 이곳으로 이주해 소년 시

은이성지의 천주당 성당과 김대건신부 기념관

절에 신앙을 익히고 사제司祭 성소의 꿈을 키우던 곳이었다. 1936년 김대건은 모방Pierre-Philibert Maubant 신부로부터 세례성사 및 첫 영성체를 받았다. 사제가 되어 최초로 사목을 했던 우리나라 최초의 본당이다. 은이산 자락을 배경으로 조용하고 한적한 곳에 천주당 성당과 김대건기념관, 김대건 조각상 등이 있다.

6코스 출발지이자 5코스 종점인 양지면 남곡리에 도착하였다 오후 1시 30분, 14.3km 지점이다. 이제 양지천을 따라 트레일은 이어졌다. 양지천 너머 중부대로에는 화물차를 비롯한 차량 통행 소음이 심해졌다. 한적하고 고요한 산길에서 대로변의 차량 소음에 시달리는 괴로움이 불과 두어 시간 만에 일어났다.

노적산露積山이 내려다보이는 숭문리를 지나고 신평 마을회관에 이르렀다. 2시 15분, 16.8km 거리다. 양지천과 중부대로와 헤어져 리베라힐 주택단지를 지나 봉두산鳳頭山 220m 자락길로 접어들었다. 완만하게 오르막이 길게 이어지고 봉두산 정상에 올랐다 오후 3시10분, 19.6km 거리다. 봉두산을 내려오면 덕영고등학교를 지나게 되고 경안천慶安川을 만나 왼쪽으로 김량대교 밑을 지나 용인중앙시장역을 지나면 김량장역을 만나게 된다.

    김량장동金良場洞은 고려 시대에 김령역金嶺驛이 있었고 조선 시대에는 김령원金嶺院이 있었던 곳이다. 이곳에 장이 서던 까닭에 김령장이라고도 불렀는데, 뒤에 변음이 되어 김량장으로 불리고 있다. 다른 이야기로는 고려 시대 김량金良이란 장수가 태어난 곳으로 그곳에 장이 서자 시장 이름을 김량장이라 부른데서 유래하였다고 한다.

    지금도 전통시장인 용인 5일장이 김량장역 인근 금학천金鶴川에서 열린다. 한마디로 아주 오래된 장터이다. 한편 한국전쟁 시기에 튀르키예 군대가 중공군에 맞서 혁혁한 성과를 거둔 금장리 전투도 이곳 부근에서 발생하였다. 역사적으로도 기념되어야 할 장소인 것이다.

**금학천변에 있는 김량장역**

금학천을 따라 걸었다. 금학천은 용인중앙시장역에서 기흥구 청덕동에서 발원한 탄천과 만나 세를 키워 흐른다. 명지대역을 지나고 오늘의 목적지 용인 시청에 당도했다. 4시 50분, 25.1km 거리다.

**오늘의 여정**

영남길 6코스:    은이성지 마애불길

용인시 원삼면 행정복지센터~내동 연꽃마을~용인농촌테마파크~법륜사~문수산~은이성지~양지면 남곡리

영남길 5코스:    수여선 옛길

양지면 남곡리~봉두산~용인중앙시장~용인시 용인 시청

출발:       용인시 원삼면 행정복지센터 오전 8시 50분
도착:       용인시 용인 시청 오후 4시 50분

걸은 시간: 8시간
걸은 거리: 25.1km / 누계 422.3km

# 15  고려 충신 정몽주는
   왜 고향에 묻히지 않았나

**트래킹 15일째:**
**3월 30일 목요일 맑음**

용인 시청, 처인구 보건소 앞에서 석성산石城山으로 올라가는 것으로 4코스 트래킹이 시작되었다. 3일째 계속되는 등산길 트래킹이 이제는 트래킹이 아닌 등산으로 느껴졌다. 봄기운이 한결 가까이 다가온 아침 등산길은 급할 것이 없다. 오르막 경사길이 길게 이어지고 나보다 앞선 등산객 두 명이 지나가며 나누는 이야기 소리가 고요하고 한가한 정적을 깨뜨렸다.

석성산 산길은 지난 가을에 떨어진 낙엽을 모아 한철 추위를 이겨내고 이제 기지개를 켜며 새순을 밀어내고 있는 크고 작은 나무들이 층층을 이루고 있었다. 나무들은 이리저리 어울리며 다가오는 봄맞이에 여념이 없는 것 같았다. 아직 잎사귀를 밀어내지 못한 물박달나무, 서어나무, 팔배나무 등 키 큰 나무 아래서 진달래가 먼저 피고 있었다.

낙엽이 길을 내어주는 트레일은 숲이 없는 나무 사잇길로 굽어지며 오르막을 지나면 평지의 산자락 길이 석성산 능선을 굽어 돈다. 가벼운 숨결이 봄기운을 도울 듯하고, 낮은 관목에서 돋아나온 초록 새순이 가쁜 호흡을 진정시켜 주었다. 활짝 핀 진달래가 발걸음을 도와주고 있었다. 봄 내음을 흠뻑 맡으며 천천히 걷는 길이다.

> "나무는 우리보다 오랜 삶을 지녔기에 긴 호흡으로 평온하게 긴 생각을 한다. 우리가 그들의 말에 귀를 기울이지 않는 동안에도 나무는 우리들보다 더 지혜롭다."
> — 헤르만 헤세 '나무들' 중에서

멱조현㟵朝峴(메주고개)을 지났다. 멱조현의 유래는 이렇다.

지금의 삼가리(삼가방) 근방에 아주 가난한 부부가 살았다. 그들은 비록 가난했지만 열심히 일했고 자그마한 땅 몇 평을 갖게 되었다. 부부는 무엇을 먼저 심을까 의논한 끝에 콩을 심기로 했다. 그해 콩농사가 잘되어 아내는 메주를 만들었고, 그때 쇠파리 한 마리가 메주 위에 앉는 것을 보았다. 아내는 기분이 상해 만들던 메주를 내던져 놓고 쇠파리를 잡기 위해 나무주걱을 내리쳤다. 쇠파리는 잽싸게 다른 메주로 옮겨 앉고, 정성스럽게 만든 메주는 엉망이 되었다. 더욱 화가 난 아내는 쇠파리를 잡을 생각에 메주가 엉망이 되는 것을 아랑곳하지 않고 나무주걱을 휘둘렀다. 쇠파리는 멀리 날아갔으나 아내는 포기하지 않고 뒤따랐고 맨발로 쇠파리만 쫓던 아내는 자신도 모르는 사이에 고개를 넘었다. 이 일화에서 멱조현이라는 이름이 생겼다. 지금은 용인 정신병원 쪽으로 새 길이 나서 한적한 고개가 되었으나 수년 전까지도 이 고개를 넘어야 수원에 닿을 수 있었다.

<영남길 이야기>에 나오는 옛이야기다.

또 다른 이야기는 '멱조覓祖'는 "할아버지를 찾아 헤맨다"라는 뜻으로 '멱조현'은 효자고개라고도 불리었다. 이렇듯 영남길에는 지명의 유래 등을 담은 안내판이 곳곳에 서있다.

석성산 정상에 오르자 오전 10시, 4.9km 거리였다. 앞서 온 등산객들이 가쁜 숨을 몰아쉬고 올라온 뒷 등산객들에게 벤치를 물려주고 정상 등정 기념사진을 찍느라 바쁘다. 정상에 서면 용인시 주변을 내려다 볼 수 있다. 용인의 진산이자 10번째로 높은 산으로 성산, 구성산, 보개산으로도 불린다. 동쪽은 경사가 완만하고, 서쪽인 기흥구 동백동 쪽은 산세가 가파르면서 거대한 경사면의 큰 암벽을 이룬다. 남쪽이나 북쪽에서 보면 뾰족한 삼각형 모양이다. 산세가 육중하며 아름다운 곳이다. 용인 8경 중에 석성산 일출이 제1경으로 꼽힐 정도로 정상에서 맞는 해돋이가 장관이다.

정상 마지막 구간에 오를 때처럼 내려가는 길도 경사가 심한 나무데크길이다. 직진하면 한남정맥으로 이어지는 할미산으로 가는 길이다. 좌회전 길로 가파른 내리막 데크길을 조심스레 내려왔다. 가파른 암벽 위에 데크길이 갈지자로 휘어지며 길게 드리워져 있다. 그 길을 벗어나 암벽 사이사이 길로 좌우에 설치된 로프를 잡고 조심스레 내려와야 한다.

낙엽이 지천으로 깔린 트레일은 계속 이어졌다. 한숲 공원을 지나 동백호수공원에 도착하였다 오전 11시, 8.2km 거리다. 호수에 비해 큰 규모의 야외 공연장 너머에 벚꽃이 활짝 피어 공연장의 분위기를 더욱 정겹게 만들고 있었다. 벚꽃과 봄볕을 즐기려는 많은 젊은이들이 카페 주변을 부지런히 오가고 있었다. 봄날에 젊은이들의 모습이 아름답다. 카페 탁자에서 이른 점심을 먹었다.

동백호수공원은 용인시 기흥구에 있는 인공 조성 호수공원이다. 국내 최고 수준의 음악 분수를 설치하고, 공원 내 옥외 집회행사 및 각종 레크리에이션이 가능하도록 넓은 야외 무대와 스탠드가 설치되어 있다. 다양한 문화행사가 열리기에 용인 시민이 사랑하고 즐겨 찾는 휴식 공간이다.

호수 주변에는 갈대, 낙랑장송, 참나무와 철쭉이 심어져 있어 봄철에는 철쭉이 만개하는 아름다운 공원이다. 호수공원 중앙광장에서 왼쪽 다리로 호수를 건너 오른쪽 길을 따르면 성남, 죽전, 구성으로 가는 43번 지방도로 가게 된다. 동백 지하차도 오른쪽 길이다. 영동고속도로를 지나고 탄천을 지나기 전 아람공원으로 가는 데크 전망대 뒤에 나무

동백호수공원

담으로 이루어진 데크길이 길게 이어져 있다. 개나리가 노랗게 핀 데크길과 숲길이 아우러진 아담한 트레일이다.

아람공원과 꽃내음공원을 이웃에 두고 탄천을 건너면 구성 더포레스트 아파트 단지 안을 지나게 되었다. 아파트 단지를 빠져나오면 완만하게 오르막길이 이어지고, 따가운 봄볕에 땀방울이 솟아난다. 이제 법화산法華山 383.1m를 오르게 된다. 굽이지며 오르는 법화산은 천태교학天台敎學 법화경法華經에서 유래된 이름으로 용인의 수지구, 기흥구, 처인구에 걸쳐 있다. 오후 1시 10분, 14.6km 거리다.

법화산을 지나자 오후 2시, 18.1km 거리가 되었다. 조선 전기에 세워진 용인향교를 지났다. 향교 오른쪽 인근에는 교회가 있고 왼쪽에는 성당이 있다. 향교와 성당, 교회가 가까이 밀집해 있다. 교회와 성당은 문이 열려 있는데 용인향교는 굳게 닫혀 있었다. 향교를 지나면 구성동

행정복지센터가 있고 구성초교 인근에 있는 마북동 마애석불입상을 만나게 된다. 불상은 직육면체의 몸통에 턱 부분을 둥글게 처리하였다. 눈은 크게 치켜뜨고 있으며, 코는 크고 오똑하게 부각시켰고, 입은 꼭 다물고 있다. 얼굴에는 입체감이 전혀 없고 석인상의 엄격성과 근엄성만 강조되었다. 가까이 가서 볼 수 없는 것이 아쉽다.

용구대로를 지나 삼거교 밑에서 탄천길로 트레일은 이어졌다. 보정동, 죽전으로 이어지는 탄천길이다. 법화산 일대에서 발원하여 성남, 서울 송파구와 강남구를 거쳐 한강으로 유입되는 35.6km의 탄천炭川은 옛 우리말로 '숯내'라 한다. 성남의 옛 지명인 탄리에서 유래하였다.

또 다른 전설에 의하면 삼천갑자(60년의 3,000배, 즉 18만 년)를 살았던 동방삭東方朔이 번번이 저승사자를 피하자 옥황상제가 이 하천 근처로 저승사자를 보내 숯을 씻도록 하였다. 이 광경을 본 동박삭이 이상하게 여겨 숯을 물에 씻는 까닭을 물었다. 저승사자는 "검은 숯을 희게 만들려고 씻고 있다"고 대답했다. 동방삭은 "내가 지금까지 삼천갑자를 살았지만 검은 숯을 희게 만들려는 당신처럼 우둔한 자는 보지 못하였다"고 말했다. 그가 곧 동박삭임을 알고 붙잡아 옥황상제에게 데려갔다는 전설에서 유래하여 숯을 씻는 하천이라는 '탄천'으로 불렸다는 이야기다. 중국의 설화 <동방삭>이 탄천에서까지 회자된 것에 대하여 신기하다고 하지 않을 수 없다.

초기에는 하천 주변에서 발생한 생활 오수의 유입으로 악취가 나는 버려진 하천이었다. 그러나 하천 정비 작업을 거쳐 지금은 용인 시민, 성남 시민, 서울 강남 구민, 송파 구민들에게 산책 코스로 사랑받는 생태하천 산책길로 거듭 태어났다. 길은 이어 죽전동으로 이어졌다.

죽전동竹田洞은 고려 말 정몽주의 죽음과 관련이 있다. 그가 선죽교에서 살해당한 후 19년 뒤에 고향인 경북 영천永川으로 이장하기 위해 이곳으로 상여가 지났다. 갑자기 돌풍이 일어 상여에 있던 영정이 날아올라 약 10여리 멀리 모현면慕賢面 능원리陵院里에 떨어졌다. 영정을 따라가 보니 가히 기막힌 명당이라 고향 영천으로 향하던 상여는 걸음을 멈추고 이곳에 모시게 되었다. 정몽주 선생을 모신 상여와 영정이 지나갔기에 만고 충신을 사모하는 민초들에 의해 이곳 이름을 죽절-죽전이라 부르게 되었다.

산책길과 자전거길이 나란히 하는 잘 정돈된 탄천에는 벚꽃들이 만개하기 시작했다. 봄을 상징하는 개나리와 벚꽃이 가득하니 더욱 걷기 좋은 산책로가 되었다. 화사한 봄기운을 도시 인근 탄천에서 다시 흠뻑 마셨다. 죽전을 지나 계속되는 탄천길에서 오른쪽으로 빠져나와 죽전 행정복지센터를 지나고 새터 어린이공원에 이르렀다. 불곡산佛谷山 입구이자 3코스 출발지이자 2코스 종점이 있는 곳이다.

### 오늘의 여정

영남길 4코스:　　석성산 길
용인시 용인 시청~석성산 등산로~동백호수공원

영남길 3코스:　　구성현 길
동백호수공원~법화산~용인향교~마북동 마애석불입상~구성역~탄천~성남시 불곡산 입구

출발:　　용인시 용인 시청 오전 8시 15분
도착:　　성남시 불곡산 입구 오후 4시 20분

걸은 시간:　8시간 5분
걸은 거리:　24.7km / 누계 447.5km

## 16 　　영남길에는 말과 개의 죽음을 기리는 무덤이 두 곳 있다

**트레킹 16일째:**
**3월 31일. 금요일. 맑음**

수인 분당선 오리역 3번 출구에서 3코스 출발지인 불곡산佛谷山 입구로 갔다. 탄천과는 떨어져 있으며 분당구 정자동과 광주시 오포읍을 경계로 하는 산이다. 분당구 동쪽에서 분당구를 감싸주는 산으로 출발지에서 정상으로 가는 등산로를 가파르게 올라갔다. 새잎을 아직 밀어내지 못하고 있는 층층나무, 서어나무 사이사이로 곱게 핀 진달래가 한껏 예쁜 꽃잎을 뽐내고 있었다.

　　2013년 6월 20일 불곡산에서는 한국전쟁 때 전사한 장병으로 추정되는 4구의 유해와 45점의 유품이 발견되었다.

　　1951년 1월 25일부터 2월 18일에 서울 재탈환을 위한 '선더볼(번개) 작전'이 전개되었다. 국군, 미군 등 유엔군과 북한군, 중공군 사이에 수도권 산악 지역에서 치열한 전투가 벌어졌다. 불곡산은 그 격전지 중 하나였다. 이 작전이 시행되기 직전에 유엔군의 인천상륙작전으로 전세를 역전시켜 통일을 눈앞에 두었으나 중공군의 개입으로 1.4 후퇴를 하게 되었다. 그러나 선더볼 작전의 성공으로 위기가 수습되자 한국전쟁의 '철군 논쟁'을 잠재우고 전투 의지를 확고히 하여 '현재 휴전선까지 진출하게 되는 발판'을 만든 전투였다.

　　<영남길 이야기>에 실려 있는 전쟁사이다.

영남길은 이렇게 한국전쟁과 연관된 전적지가 많다. 최후의 방어진지를 고수했던 칠곡군의 다부동 전투, 한국전쟁 최초 승전지인 동락리 전투, 튀르키예군이 중공군에 맞서 혁혁한 성과를 거둔 금장리 전투, '선더볼 작전'의 불곡산 전투 등이다.

**불곡산의 한국전쟁 전사자 유해 발굴 기념 지역**

조용한 아침 트레일에 어디선가 딱딱, 딱딱, 딱딱하는 소리가 간헐적으로 들려왔다. 나무를 찍는 소리도 아니고, 그렇다고 나무 두드리는 소리도 아니었다. 무심코 지나는 머리 위에서 더 크게 들렸다. 10여m 떨어진 나무 중간에 딱따구리가 집을 파고 있었다. 부리의 힘이 얼마나 강하기에 살아있는 나무 둥치를 주둥이로 파내는 것인가? 지켜보는 것도 아랑곳없이 열심히 파고 있었다. 그렇다, 빨리 집을 지어야 암컷을 데리고 와 가정을 꾸리고 후손을 생산해야 하지 않겠는가? 세상살이 이치는 사람이나 새나 똑같다. 가정을 꾸릴 때 집이 우선임은 자명한 이치다.

며칠 동안 이어진 등산에 가까운 트레킹으로 나는 지쳐 있었다. 그런데 딱따구리가 주둥이로 나무를 파고 있는 모습을 보자 힘이 든다는 생각이 슬그머니 사라졌다. 그렇다. 종을 번식하기 위해 이 세상 모든 종들이 이렇게 힘들게 생존을 도모하고 있는 현실을 보고 있는 것이다.

딱따구리가 집을 짓고 있다.

벌거벗은 나무가 본연의 나무 모습이다. 그것은 겨울철 나무다. 잎으로 옷을 입은 나무는 치장된 나무 수목이다. 봄이라 하지만 아직도 많은 나무가 헐벗은 채 의연히 다가오는 봄을 기다리고 있었다.

나무는 덕德을 지녔다. 나무는 주어진 분수에 만족할 줄 안다. 나무로 태어난 것을 탓하지 아니하고, 왜 여기 놓이고 저기 놓이지 않았는가를 말하지 아니한다. 등성이에 서면 햇살이 따사로울까, 골짜기에 내려서면 물이 좋을까 하여 새로운 자리를 엿보는 일도 없다.
― 이양하의 <나무> 중에서

불곡산 생태공원을 지나 불곡산 정상 335.4m에 올랐다. 9시 40분, 6.2km 거리다. 불곡산은 부처님이 있는 골짜기를 품은 산이라는 뜻이다. 주민들이 이 산을 성스런 산으로 여기고 산신제를 지낸 것에서 유래해 성덕산聖德山이라 불리기도 한다.

형제재 능선을 지나 내려오는 산길은 맹산공원을 지나고 샛별마을로 들어왔다. 화창한 봄 날씨에 진달래와 벚꽃이 화사하게 피어 있다. 이어지는 길 끝에 분당 중앙공원이 나를 맞이하고 있었다. 중앙공원을 둘러보는 길마다 벚꽃이 만개하였다.

중앙공원은 조선 중기부터 후기에 걸쳐 조성된 한산 이씨 세장산世葬山 묘역이었다. 1989년 분당 신도시 개발계획에 따라 묘역 전체가 수용당하기 직전에 학계를 중심으로 애향민들과 문중 원로들의 건의를 받아들여 문화재 보존 지구로 지정되었다. 500여 년의 역사적 전통문화의 보존과 신도시와의 조화된 시민공원으로 조성되어 오늘에 이르렀다.

**불곡산 정상**

**분당 중앙공원. 벚꽃과 개나리가 만개하였다.**

중앙공원 안에는 말의 무덤인 충마총忠馬塚이 있다. 임진왜란 때 상주 전투에서 이경류李慶流가 전사하자, 그의 애마가 주인의 피 묻은 옷을 물고 500리를 달려 분당 한산 이씨마을 이경류 집에 도착했다. 그리고 아무것도 먹지 않고 굶어 죽었다. 주인의 대한 의리를 지켰다고 하여 이경류 선생 묘역 바로 아래에 애마를 묻고 그 이름을 충마총이라 불렀다. 구미 해평 낙산리의 의구총義狗冢에 이어 동물에 대한 예우가 영남길에 이어지고 있었다.

중앙공원을 지나 분당 구청에 이르렀다. 2코스 출발점이자 1코스 종점이다. 오전 11시 30분, 11.4km 거리다. 분당 구청 뒷편에 있는 황새울공원에 활짝 핀 개나리와 벚꽃을 보며 탄천을 건너고 탄천을 따라 수내동으로 내려왔다. 새벽월드장로교회에서 지하보도로 길을 건너 백현동 e편한아파트 9단지 옆 동산을 지나 산길을 넘어가면 낙생리 공원 체육시설을 만난다. 운중천雲中川을 따라 도당산교를 건너자 오후 2시 30분, 14.5km 거리였다.

경부고속도로 위를 가로질러 가는 판교IC 고가도를 건너 서판교로 들어갔다. 불꽃교회 앞을 지나 동판교 성당을 거치고 판교박물관을 보고 나서 다시 경부고속도로를 건너는 낙생 고가차도를 지나 동판교에 돌아왔다. 이곳에 널다리가 있었기 때문에 판교板橋라는 지명이 생겼다. 화랑 지하차도가 끝나는 지점에 있는 금토천金土川을 건너는 삼평교三坪橋에서 좌회전하여 금토천을 따라 트레일은 길게 이어졌다.

이후 금토천과 헤어지고 트레일은 달래내로 연결되고, 테크기업들과 스타트업 회사들로 가득 찬 한국판 실리콘밸리인 테크노밸리 판교는 물론 인근 금토동 달래내 주변에도 신축 건물 공사로 인해 분주하고 번잡하기 이루 말할 수 없었다. 불과 십수 년 전에 한가하고 조용하던 농촌 마을은 이제는 먼 옛 추억의 이야깃거리가 되어 있었다.

달래내 고개 150m는 한문으로 월현月峴이다. 수정구 상적동에서 서울 서초구 신원동으로 넘어가는 길목이다. 수없이 오가는 트럭들과 승용차들로 인해 트레킹은 정상적으로 이루어지지 않는다. 자동차를 피하고, 먼지를 피하는 일이 우선이 되었다. 갓길 가장자리가 트레일이다. 이 길이 영남길 트레킹 길이라는 것을 모르고 오가는 차량의 사람들은 나를 매우 이상하게 볼 수도 있을 것이다. 이 좋은 봄날에 이 복잡하고 위험하고 먼지가 가득한 찻길을 왜 걷고 있느냐?

"아저씨, 나도 정말 이런 길은 걷고 싶지 않아요."

햇볕이 따갑고, 먼지가 풀풀 날리는 달래내 고갯길을 지루하게 걸었다. 천림산天臨山 봉수대가 먼지에 찌든 나를 반겼다. 봉수는 밤에는 횃불, 낮에는 연기를 올려 국경 지역의 긴급한 상황을 중앙에 알리던 옛 통신 수단이다. 한양 목면산木覓山(남산)을 기점으로 전국 5로에 노선이

청계산 원터골

있었다. 평상시 매일 이른 시간에 국경 지역에서 시작하여 봉수 노선을 따라 당일 초저녁이면 목멱산에 도달하였다. 평화로울 때는 1개, 적이 나타나면 2개, 적이 경계에 접근하면 3개, 경계를 침범하면 4개, 경계에서 아군과 전투가 벌어지면 5개를 올렸다.

달래내 고개를 넘어 경기옛길 영남길 1코스 출발점에 도착하였다. 옛골 상적동 上笛洞이다. 오후 3시 30분, 22.7km 거리였다.

영남길은 경상도~충청도, 경기도 구간을 마치고 이제 마지막 서울 구간만이 남았다. 이곳 옛골에서 광화문~경복궁~집현전까지가 서울 구간이다. 내일 이른 도착을 위해 오늘은 청계산 입구역까지 가기로 했다. 영남대로 대장정을 환영하기 위해 광화문에 환영 차 나오기로 한 하이 눈팀 친구들과의 약속 시간이 내일 오후 2시다.

이제부터 걷는 길은 더 이상의 등산길이 아니다. 봄꽃이 활짝 핀 평지 대로를 걷는 길이기에 마음이 여유로웠다. 번잡한 도심길이지만, 그래도 발걸음에 여유가 넘친다. 부산 동래에서 출발한 길을 따라 걸어온 지 16일이다. 고통과 희열, 감회가 교차하는 마음이 여느 트레킹과 다를 바 없었다.

집에서 출발하고 마무리하는 트레킹은 삼남길 트레킹과 영남길 트레킹이다. 지나온 날들의 트레킹을 회상하다 보니 어느덧 원터골 청계산清溪山 입구역에 이르렀다. 오후 4시 10분, 25.2km 거리다.

---

**오늘의 여정**

영남길 2코스:　낙생역 길
성남시 불곡산 입구(무지개 마을)~불곡산~형제봉~중앙공원~분당구청

영남길 1코스:　달래내 고갯길
분당구청~백현동~낙생대 공원~판교 그린타워~판교박물관~금토천~천림산 봉수대~청계산 옛골(상적동)
서울 구간:　서초구 원터골~청계산입구역

출발:　　성남시 불곡산 입구(무지개 마을) 오전 8시 5분
도착:　　서울시 서초구 원터골 청계산입구역 오후 4시 10분

걸은 시간: 8시간 5분
걸은 거리: 25.2km / 누계 472.7km

17    민족의 강,
      한강을 건너 경복궁에 도착하다

**트레킹 17일째:
4월 1일. 토요일. 맑음**

피로감이 없는 흥분된 감정으로 아침에 집을 나섰다. 청계산입구역에서 가볍게 걷는 발걸음으로 영남길 트레킹 마지막 날이 시작되었다. 오늘 이후 400km 이상 남은 트레킹 트레일은 제주도 올레길뿐이다. 뿌듯하면서도 한편으로는 무언가 아쉬운 느낌이 가슴에 와 닿았다.

벚꽃과 개나리가 길 친구가 되어 함께 간다. 염곡 사거리 현대자동차그룹 사옥을 지나 농산물센터 앞에서 길을 건너 강남대로를 따라 양재역으로 향했다. 토요일 아침에 도로에는 사람들이 그다지 많지 않았다. 양재역 말죽거리에 도착하니 8시 30분, 4.7km 거리다. 양재良才는 어질고 재주 많은 사람이 많이 산다 하여 붙여진 이름이다. 조선 시대에 도성 한양으로 들어가기 전이나, 도성에서 나와 경기~충청~경상도로 가려면 남대문을 나와 동작나루, 한강나루, 새말나루를 건너 삼남길로 올랐다.

동작나루를 건너 첫 번째 만나는 역이 과천역이고 한강나루를 건너 첫 번째 만나는 역이 양재역이었다. 옛날의 역들은 말을 먹어야 하므로 주로 냇가에 자리를 잡는 것이 보통이었다. 따라서 삼남 지방으로 내려가기 전에 마필과 숙식을 제공하는 주막과 마방이 이곳에 많았다 하여 말죽거리라는 별칭이 생겼다. 양재동보다 말죽거리라는 이름이 더 잘 알려진 때도 있었다.

**양재동 말죽거리**

트레일은 강남대로를 따라 강남역을 지났다. 신사동의 굽은 길들을 돌고 돌아 한남대교에 올랐다. 지난 수십 년 동안 수없이 한남대교를 건넜지만 이렇게 걸어서 건너기는 처음이었다. 흐르는 듯 흐르지 않는 듯 한강은 도도하게 흐르고 있다. 수도 서울을 가로지르는 그 위세를 물 아래 숨겨두고 고요하고 평화롭게 흐르고 있는 것이다. 막상 한남대교 중앙에 서니 한강이 생각보다 크고 넓다는 생각이 들었다. 이제까지 수없이 한강을 건너 다녔지만 이렇게 큰 강이라고는 생각하지 못했었다. 흐르는 물이 한반도에서 가장 많으며 면적도 한반도에서 가장 넓은 강이다.

세계적으로도 대도시를 낀 강들이 많지만 한강처럼 큰 강은 없다. 한강漢江이라는 명칭은 우리말 '한가람'에서 비롯되었다. 옛말에 '한'은 '큰', '한창인'을 뜻하며, 가람은 강을 가리킨다. 즉 한강은 큰 강이라는 뜻이다. 삼국 시대 초까지는 대수帶水로 불리었고, 광개토대왕릉비에는 아리수阿利水라 기록되었고, 백제는 욱리하郁利河라 불렀다. 이렇듯 고구려, 백제가 관할할 때는 각각 다른 이름이었다. 서울의 수돗물을 '아리수'라 부르는 것이 여기에서 유래하였다. 한강의 폭이 넓은 곳은 1km 정도이다.

    한남동 오거리에 이르렀다. 영남에서 온 영남 유생들과 호남에서 온 호남 유생들은 한양 과시장에 이를 때까지 3번을 조우하게 된다. 경복궁 근정전 과시장으로 가는 길에 여기 한남 오거리에서 처음 만난다.
    호남 유생들은 경기도 수원~의왕~과천을 거쳐 방배동에서 잠수교를 지나 강변북로에서 한남동 오거리를 거쳐 응봉동~남산 자유센터를 지나고 남산을 돌아 숭례문으로 향한다.

한남대교 중앙에서 본 한강

영남 유생들은 경기도 이천~안성~용인을 거치고 성남~분당~판교를 지나 양재~강남에서 한남대교를 건너 한남 오거리까지 온 다음에 이태원~삼각지~남영동~서울역을 지나 숭례문으로 간다. 그 첫 만남이 한남동 오거리인 것이었다.
　두 번째 만남은 도성에 입성하기 위해 거쳐야 하는 숭례문이고, 세 번째는 과거시험이 열리는 광화문 근정전 앞마당에서였다.
　한남동 오거리에서 한남역 방향으로 독서당로를 따라가다가 강남북로 아랫길인 서빙고로로 향했다. 한강 나들이 지하보도를 보며 계속 이어지게 걷다가 보광동으로 올라가는 보광로로 우회전했다. 오르막길에는 좌우로 가게들이 촘촘히 맞대고 있으며, 동네 시장이 있는 보광로길은 왼쪽으로 한국폴리텍대학 서울 정수캠퍼스를 보게 된다. 그 정상에서 왼쪽 이태원 시장으로 가는 길로 내려갔다. 이어 녹사평대로를 만나고 용산구청을 지났다. 녹사평역 1번 출구 왼쪽길이 이태원로이며 국방컨벤션을 왼쪽에 두고 곧이어 용산 전쟁기념관을 오른쪽으로 보게 되었다.

**용산 전쟁기념관**

**남대문이라 불리는 숭례문**

 이태원길 끝자락에서 한강대로 길로 연결되었다. 삼각지다. 한강대로가 길게 이어지고 남영 삼거리를 지나 숙대입구역을 거치면서 서울역을 좌측으로 보게 된다. 한강대로 길이 세종대로로 연결되어 남대문이라 부르는 숭례문 광장에 이르렀다.
 숭례문 광장에는 주말을 맞이하여 많은 나들이객들이 남산을 향해 올라가고, 남대문시장으로 들어가고 있었다. 따가운 봄 날씨에 가벼운 옷차림이 지금이 봄철임을 알려주고 있었다.
 조선 시대 전국 각지에서 온 지방민들은 이 숭례문을 지나야 한양도성에 입성할 수 있었다. 과거시험 보러 온 영남 유생의 기분으로 가슴을 활짝 펴고 당당하게 숭례문을 통과했다.

한양 도성에 왔으니 이제 거칠 것이 없었다. 세종로 광화문을 향해 직진했다. 서울 시청을 지나고 청계광장에서 숨을 돌린 후 광화문 사거리를 지나 경복궁 정문에 도착했다. 광화문 앞은 경복궁 앞길의 공사로 길이 좁아지고, 경복궁 입장의 혜택을 받기 위해 한복으로 갈아입은 외국인과 젊은이들로 북새통을 이루고 있었다.

환영 마중 나온 친구들을 드디어 만났다. 우리 하이눈팀의 태환, 준언, 성봉의 열렬한 환영을 받았다. 길고 긴 영남길 트레킹이 이렇게 무사히 끝났다. 또 해냈다는 자긍심이 가슴에 가득 찬 감격스러운 날이었다.

**아, 경복궁 근정전이다.**

## 오늘의 여정

서울 구간

서초구 원터골 청계산입구역~염곡 사거리~양재동 말죽거리~한남대교~보광동~이태원동~용산구청~전쟁기념관~후암동 숙대입구역~서울역~숭례문~서울 시청~광화문~경복궁 근정전

출발:      서울시 서초구 원터골 청계산입구역 오전 7시 30분
도착:      서울시 종로구 경복궁 근정전 오후 12시 40분

걸은 시간:  5시간 10분
걸은 거리:  18.5km / 누계 491.2km